富山は日本のスウェーデン

変革する保守王国の謎を解く

井手英策
Ide Eisaku

a pilot of wisdom

はじめに

「富山は日本のスウェーデン」というタイトルを見て、読者のみなさんはどう感じただろう。いろんな反応がありそうだ。

北欧では、充実した社会保障や教育サービスが、まずしい人たちだけではなく、大勢の人たちに提供される。そして、そのための費用をとても高い税金でまかなっている。高福祉・高負担で知られる北欧型福祉国家の代表格、それがスウェーデンだ。

だから、事情にくわしい人だったら、「日本のある地域だけがスウェーデンみたいだなんておかしいじゃないか」と笑い飛ばすことだろう。反対に、スウェーデンをよく知らない人だったら、「で、それがどうしたの?」とつれない返事がかえってくるかもしれない。いや、それ以前に「富山ってどんな県だっけ」という声も聞こえてきそうだ。

この本のコンセプトは、「保守が生んだ日本型北欧社会」として富山を捉えるという、ちょっぴりトリッキーなものだ。

なぜトリッキーなのか。

まず北欧社会は、リベラルな思想や社会民主主義を重んじる国の代表格であり、保守とは正反対の理念を大事にしてきた。だから、保守から北欧のような社会が生まれるというのは、「その丸は四角い」といった形容矛盾に限りなく近い感じがする。

次に、左派やリベラルにとって、北欧は日本やアメリカのような自己責任社会の対極に位置づけられている。その意味で、日本型の北欧社会という表現もまた、普通に考えるとありえない組み合わせだということになる。

そして、このふたつの「矛盾」を象徴するものとして、「日本型北欧社会」の可能性を僕は「保守王国」として知られる北陸の富山県のなかに見いだそうと考えているのだ。

そもそもの話、こうした矛盾が生じるのはなぜなのだろう。ひとつには、単純に僕がつなげてはならないものをつなげてしまっている可能性がある。

しかし、もうひとつの可能性がある。それは、リベラルや社会民主主義あるいは保守といった線引きが賞味期限切れになっていて、これらの思想的な区分では、もはや現実をうまく切り取れないのかもしれない。

僕が賭けるのは後者の可能性だ。僕たちが当たり前のように使っている思想の区分け、保守と革新、左と右という線引きが、もしかすると社会全体を思考停止にし、広がりのある対話を妨げているのではないだろうか。この大きな疑問に僕は挑みたいと考えている。

中身のともなわない巧妙な言葉遊びで「新しい思想の線引き」をひねりだしたいのではない。保守的な地域のリアリティのなかから、たんに保守という枠組みには収まりきれない力強い変化、未来への曙光《しょこう》を見いだしたい、そう考えている。

以下の各章では、日本における富山県の社会経済的な地位、県民のあゆんできたこれまでの歴史、そしていま、さまざまな問題と向きあう富山の人びとの日々の格闘、これらのなかから「富山らしさ」をえぐりだし、問いに対する答えを掘り起こしていく。

僕の思いを語ればこうなる。豊かな土壌のもとで種は芽吹き、花を咲かせる。僕たちの社会の保守的な風土、価値観という土壌を頭ごなしに否定するのではなく、それらの特性を正視しながら、その土壌のもとでリベラルも納得するような大輪の花を咲かせたい。

僕たちは、少子高齢化、人口減少、経済の停滞というトリプルパンチが直撃する歴史の転換点に立たされている。嵐に飲みこまれた船のなかで言い争いをしてもしかたがない。

だからだ。思想の線引きに執着するのではなく、よりよい明日を切り拓《ひら》こうとする人間の営みに光をあてるのだ。そうすれば、思想的な線引き、レッテル貼りがいかに無意味なものであるか、自然と浮かびあがってくることだろう。

告白しよう。一〇年以上の年月をかけて富山県を訪ね続けた集大成がこの本だ。僕はすっかり富山県に魅了された。だから富山びいきの一冊になってはいないかと気が気でない。

ただ、こんな思いもある。調査を積み重ねるなかで、「先生は何について書かれるんですか?」と何度も聞かれた。僕は、そのたびに、「富山社会を鷲《わし》づかみにするような本を書きたいんです」と答えてきた。

そう。僕は富山のいいところをたくさん教えてもらった。でもそれだけではなく、しんどい部分、もっとストレートにいえば、息苦しさや内向きな部分もひっくるめて、富山社会をいろんな角度から描こうと努めたつもりだ。

北陸にある人口一〇〇万人ちょっとの小さな県の小さな物語。この物語を出発点としながら、日本の未来、希望、そして可能性を語っていこう。

目次

序章　保守と革新、右と左を超えていくために

説明能力を失って久しい保革・左右という「線引き」

新聞や雑誌を見ると必ずといっていいほど、保守、革新・リベラル、右派、左派といった線引きが登場する。だが、これほど説明能力を失いながら、人びとの思考に深く入り込んだ分類方法はないのではないだろうか。

現実の政治の動きや歴史の流れをこの線引きで説明しようとすると、なかなかうまく整理できないことが多い。

小泉純一郎さんが政権を担当していたときのことを思いだそう。

もう一〇年以上昔のことだ。小泉さんは「官から民へ」を合言葉に、率先して新自由主義、小さな政府路線の旗を振っていた。また、靖国《やすくに》神社を訪ね、「内閣総理大臣小泉純一郎」と記帳し、三万円の献花代を納めて参拝した事実もよく知られている。

ときに左派・リベラルに「目の敵」とされてきたこれらの小泉さんの判断・選択は、政治的に見ればまさに保守の流れを汲《く》むものだ。

だが、彼が繰り返し叫んでいた言葉は何だったか。それは「改革」だった。

「経済財政運営と構造改革に関する基本方針二〇〇六」という政府資料がある。通称である「骨太二〇〇六」といえば、聞いたことのある人も多いかもしれない。

これを見てみると、驚くべきことに「改革」という言葉が二〇〇回以上も登場している。これほど「変革」のための文言を繰り返さなければいけなかった「保守」とはいったい何だったのだろう。

橋下徹《はしもととおる》さんをリーダーとし、自民党からの離党者が集まって誕生した地域政党、大阪維新の会の「維新八策」を見てみよう。

たしかにこのなかには、首相公選制、教育委員会制度の廃止、そして改憲など、従来の政策とは一線を画す新たな論点が盛りこまれていた。

だが、これらの「目玉」以外の部分に目をやると、行財政改革や地方分権を柱とした小さな政府路線、低所得層に限定した社会保障など、党名で「維新」をうたっている一方で全体としては「保守」のトーンが強い。

この傾向は、現在の日本維新の会にいたってさらに強まったように見える。

ホームページを見てみると「古い政治を壊す」「新しい政治を創る」の文言が目に飛び

込んでくる。ここでも改革の姿勢は引きつづき訴えられている。

だがその内容は「身を切る改革」、つまり議員報酬の削減を中心とした政治改革、行政改革が柱だ。小泉改革を思いだせばわかるように、この種の改革は保守政治の得意とするところだ。ところがその人たちがここでも「維新」を唱えているわけだ。

近年の政治状況を思いだしてみると、この傾向はいっそう強まっている。

保守政治を象徴したかのように見える第二次安倍晋三政権のもとでは、特定秘密保護法や集団的自衛権、共謀罪、改憲といった「保守」的で、「右」寄りの思想を拠《よ》りどころに「大改革」が進められようとしている。

ところが、二〇一七年の衆議院総選挙を思いだしてみよう。

消費増税の使いみちを変え、その財源で幼稚園や保育園の無償化を行なうために信を問う解散だ、とこの選挙は位置づけられた。だがこれらは、一般的には、左派やリベラルの好む政策だと考えられる。保守政党が増税を行ない、教育を無償化するというのは、普通であればありえないパッケージだといっていい。

あるいは、左派・リベラルのほうに目を転じてみよう。

彼らは、第二次安倍政権の改憲をめぐる動きに反対の声をあげ、これまでの法的な秩序を「保守」するよう求めた。「護憲」という言葉はそれを象徴している。

さらには、消費税の増税の凍結・撤廃を求める声があがった。生活保障の強化という左派・リベラルの十八番は、自民党の選挙公約とくらべて、だいぶ後景に退くこととなった。九月八日に一万九二四〇円で底を打った日経平均株価が一〇月には二万一〇〇〇円を超え、二一年ぶりの高値を記録した。総選挙が行なわれたのはこうした脈絡だったし、保守政党が増税と生活保障の強化を訴えていたわけだ。それでも、左派・リベラルは景気の停滞を叫び、消費増税を凍結・撤廃しようとした。

まるで保守と革新と呼ばれる政治思想がすっかり逆転したかのようなおもむきだ。

「古き良きものを守る」という「異議申し立て」

保守と革新。右と左。僕たちにとっての常識的だった「線引き」ではいまの政治的な言説をほとんど説明することができない。

だが、新聞やネットメディアを見ていると、必ず、保守とリベラル、右派と左派という区別でものごとが語られている。まるで時代の動きに思想が、知のあり方が追いついていけないかのように。

以上の事実は、何も目新しいものではない。

近年、「リベラル保守」あるいは「保守リベラル」といった造語までもが登場し、こうした指摘を頻繁に耳にしている人も多いかもしれない。

ただ、本書の課題は、保守と革新、リベラル、右と左といった言葉の意味を厳密に定義することにあるのではない。あるいは保守とリベラルのアイデアを巧みに重ねあわせ、新しい言葉を作りだしたいわけでもない。

むしろ反対だ。

そうではなくて、右と左、保守と革新のように「線引き」をすることの意味、それじたいが、その時どきの歴史的文脈によって揺れ動いてきた事実に僕は注目している。そのうえで、こうした線引きに頼ることなく、日本の新しい社会モデル、歴史的転換期にあらわれている社会の変容の兆しについて考えてみたいと思っている。

「保守主義の父」と称されるエドマンド・バーク（一七二九〜九七）を見てみよう。

バークは『フランス革命の省察』のなかで、フランス革命が急進的な改革を行なったことをきびしく批判したことで知られている。

だが、彼は、決して改革そのものを否定したわけではなかった。

バークが重要だと考えたのは、「システムを維持しつつ、同時に改革を進めてゆくやり方」だった。というのも、「既存の制度にある有益な要素は温存され、それらとの整合性を考慮したうえで、新たな要素がつけ加えられる」と考えたからである。

保守主義のもうひとつの代表的論客、カール・マンハイム（一八九三〜一九四七）も同じ視点をもっていた。

マンハイムは『イデオロギーとユートピア』のなかで、「思想とは、現実のさまざまな力に衝《つ》き動かされながら、つねに自己自身に疑いを投げかけ、自己訂正を求めてやまない過程」（傍点は筆者）だと指摘した。要するに、保守であれ、リベラルであれ、思想というものは、自己批判による修正、つまり変化を繰り返す存在だということだ。

さらに、マンハイムは、『保守主義的思考』のなかで、保守主義と伝統主義とを慎重に区別する。

伝統主義は、昔からあるものを守ろうとする、普遍的な「人間の本性」である。だが保守主義の場合、保守主義的な行為は、それぞれの国、時期における行為であって、「その特性をあらかじめ確定することはまったくできない」。つまり、昔からあるものを「再生」することもあれば、「特殊な生き生きした状況に適合させてさらに発展させる」こともありうるわけだ。

こうした保守の「変えること」への抵抗の小ささは、左派の側でも同様に「守ること」へのこだわりとなってあらわれる場合がある。

みなさんはウィリアム・モリス（一八三四〜九六）をご存知だろうか。モリスは一九世紀イギリスの社会主義者で、「アーツ&クラフツ運動」を展開したことで知られる人物である。

注目したいのは、モリスが「ゴシック・リバイバル」、すなわち中世ゴシック様式の装飾や建築を復興させようとする運動を行なっていたことだ（大内秀明『ウィリアム・モリスのマルクス主義』）。社会主義者が古き良き時代の様式美を追求していた事実を僕たちはどう考えるべきだろう。

モリスの生きていた時代、それは、産業革命が起き、大量生産が生活と芸術の調和を破壊していた時代だった。

モリスは、労働のなかに「喜びと楽しみ」を見いだし、中世以来のギルド職人の仕事に理想をもとめ、「芸術は労働における人間の喜びの表現だ」と訴えた。

ようするに、社会主義者である彼は、古くからある労働のあり方のなかに価値を発見し、これを追いもとめることで、大量生産の時代に左派らしく異議を申し立てたのだった。

「変革」をもとめる人たちが「復古」をめざすという逆説は、西洋の歴史にだけ見られるものではない。僕たちの歴史のなかでも同じ事実を見つけることができる。

明治維新を思いだしてほしい。「維新」とはまさに「御一新《ごいっしん》」であり、すべてを新しくすること、つくりかえることを意味していた。

だが、新体制の樹立とともに打ちだされたものは何だったか。それは、みなさんもご存知のように「王政復古の大号令」、つまり旧体制の回復だった。ここでもまた、変革と復古の奇妙な調和を見て取ることができる。

マンハイムはこういった。「政治的に『進歩的』な人でも、その政治的信念となんらかかわりなく、特定の生活領域ではきわめて『伝統主義的』に行為できる」（『保守主義的思考』）と。

保守主義者が何かを守るためにある局面で変化をもとめる。左派やリベラルが働きかたや暮らしのあり方を変えようとするために、ある局面で古き良き時代の文化を再興しようとする。時代の変わり目とは、こうした思想の線引きが複雑に交差し、からみあう状況のことではないだろうか。

そして、もし、僕たちの生きる「いま」が「時代の変わり目」だとするならば、古い時代の線引きを無理に現実にあてはめることで、かえって不要な誤解をあちこちで生みだすことになるかもしれない。

社会民主主義とは何か?

僕は財政を専門にしている。そして財政政策を考えるとき、よくスウェーデンと日本の政策を比較する。スウェーデンはリベラル、社会民主主義、高福祉・高負担で知られる福祉国家の代表格だ。

ここでまたひとつ用語が増えた。社会民主主義――この言葉は、思想的にはさまざまな源流があり、これを一言でいいあらわすのはむつかしい。

歴史的に見ると、社会民主主義は、共産主義と対峙《たいじ》しつつ、社会主義から派生して誕生した。ただし、社会主義や共産主義のように、歴史に段階やゴールを設けることはせず、少しずつ、その時どきの状況を良くしていくための永続的な運動とみなされてきた。

旧日本社会党に強い思想的影響をもった福田豊によると、社会民主主義とは、「自由・公正（平等）・連帯」を基本的な価値とし、その実現をめざす国際的な運動である（福田豊「現代社会民主主義の定義」）。

だが、社会民主主義者は、これらの価値が「あるとき突然に実現されるものだ」とは考えない。彼らは、社会と経済の民主化、人びとの自由、社会の公正と連帯を実現する持続的なプロセスを大切にし、社会主義や共産主義が否定する議会制民主主義を受け入れながら、漸進的な改良によって自由と民主主義を少しずつ実現しようとしてきた。

ここで読者ははたと気づかれるかもしれない。

先のマンハイムやバークが保守を語るとき、基本的な骨格を維持しつつ、守るべきものを守りながら、状況を改善するための努力を積み重ねるという面を強調していた。ここに注目すれば、彼らと社会民主主義者とは、原理的に同じ発想を共有していることにならないだろうか。

社会民主主義は、共産主義や社会主義とはちがって、議会制民主主義の廃止、共産党の一党独裁、私的所有権の否定といった革命的な変革をもとめてはいない。むしろ基本的な制度の枠組みを維持しながら、自由や公正、連帯といった価値の実現を追求している。

たしかに、追求する価値が古い文化や伝統のあり方なのか、自由や公正、連帯なのかというちがいはある。だが、それぞれにとって大切な価値を実現するため、永続的な運動を行なっていく点に目をつければ、マンハイムらのいう保守主義と社会民主主義との距離は意外と近いものに見えてこないだろうか。

社会民主主義と共同体主義

さらにもうひとつ、社会民主主義と対立的にとらえられがちな軸を加えてみよう。それは「共同体主義（コミュニタリアニズム）」である。

社会民主主義者もふくめた戦後日本の左派・リベラルには、共同体に後ろ向きの評価を与えてきた。共同体のなかにある閉鎖性や強制性、同調圧力を批判し、共同体は人間の自由を制限するもの、内向きの閉じられた連帯を強いるものとみなしてきたのだ。

だが、人間とは、そもそも社会の慣習のなかに埋め込まれた生き物だから、その地域や社会の伝統や価値からまったく自由であるはずがない。それどころか、人によっては、共同体のなかで与えられた役割に没頭することに喜びさえ感じることもある。

新自由主義の隆盛とグローバリゼーションとが地域コミュニティの破壊を強めるなか、次第に共同体主義は、影響力を強めていった。代表的な論者であるマイケル・サンデルやマイケル・ウォルツァーといった学者の名前はみなさんも聞いたことがあるかもしれない。

ただ、共同体主義にはひとつの欠点があると法哲学者の井上達夫は言う（井上達夫『他者への自由』）。それは卓越主義、つまり、人間をより高い道徳的水準に導ける／導かねばならないという前提を彼らが設けてしまっていることだ。

共同体主義では、共同体の内側にある「共通善」は、人間をより道徳的高みに導くものとして、絶対的な価値をもっている。そうした価値への従属をもとめる共同体主義への不信は、左派・リベラルのなかにいまだに残っているように思われる。

社会民主主義のもとめる公正や連帯は、その前提に人間の自由という裏づけをもっている。だから共同体の内側の強制性に批判的になる。

だが、共同体の内部にも、その共同体なりの公正さやつながりは存在している。だとすれば、左派・リベラルは、伝統的に形づくられた「共通善」の強制的な面を否定するだけではなく、自由な個人がその「共通善」を批判的に解釈しなおし、より説得的で、普遍的な共同体の共通理解を育てていく可能性に目を向けてよいのではないだろうか。

こうした考え方に立てば、社会民主主義の重んじるような価値を伝統的な価値の延長線上で実現することができるかもしれない。実際、こうした動きは、日本のあちこちで起きはじめている。この点は第四章で具体的に取りあげることとしたい。

少し話がややこしくなった。つまりこういうことだ。自由、公正、連帯といった基本的な価値を、日本の共同体の伝統にもとづいた共通理解の延長線上に位置づけられるのであれば、保守主義と同じく共同体主義も、これを社会民主主義とあえて対立させ、区別しなくてもよいのではないだろうか。

図1　政府収入・支出の対GDP比（2016年）

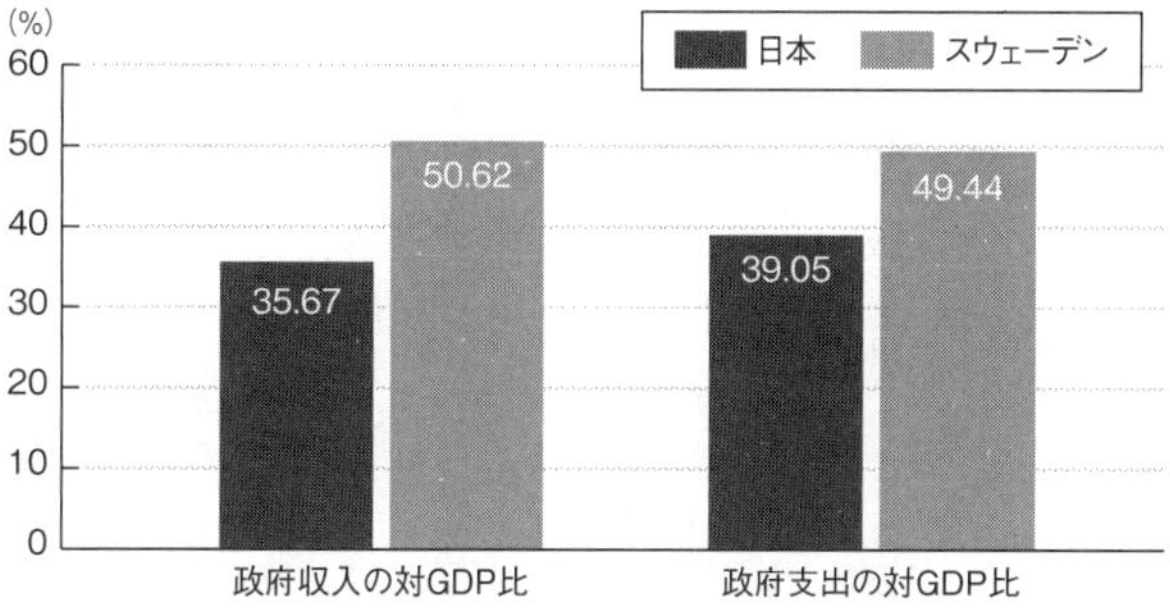

OECD, National Accounts at a Glanceより作成。

約束の地・スウェーデン

このように、社会民主主義と保守主義、共同体主義の親和性に光をあててみると、戦後日本の思想状況のなかのある種の「かたより」を見いだすことができる。

スウェーデンは社会民主主義国家である。多くの左派、リベラルが、同国をひとつの理想社会、約束の地とみなしたが、反対に、保守主義者にとってはすこぶる評判の悪い、最悪の国だと映っていた。

そもそも、スウェーデンのつくった福祉国家は、日本とどのようにちがうのだろうか。

たしかに、スウェーデンの生活保障システムは、日本のそれとは比較にならない。図1にあるように、スウェーデンは「高福祉高負担」という言葉で知られるように、非常に財政規模の大きな、日本とは対照的な国である。

以下、幼稚園や保育園などの就学前教育を例に両国のサービスのちがいを見てみよう。

スウェーデンでは就学前教育の家庭負担がかなり低く抑えられている。

第一子の場合を見てみると、公立の就学前学校はもちろん、営利目的の私立の就学前学校であっても、個人の月の負担額が世帯収入の三%かつ一三一三クローナ（約一万七〇〇〇円）を超えてはならないことが法律で決められている（石橋未来「待機児童問題が解消しない理由」）。

一方、日本では年収に応じて利用者の負担額が変わる。

国の基準を参考に見てみよう。三歳児未満の児童が標準的な保育を受けた場合、生活保護利用者世帯の無料から約一〇万円まで大きな幅がある。課税される世帯のなかでもっとも所得の低い層を見ると、負担額は一万九五〇〇円となり、すでにスウェーデンの上限を超えている。

次に、何らかの就学前教育に属している子どもの割合を見てみると、スウェーデンでは一歳児が五〇%に達し、二歳児に至っては九〇%以上の水準に達している。日本では、一

図2　日本とスウェーデンのGDP成長率

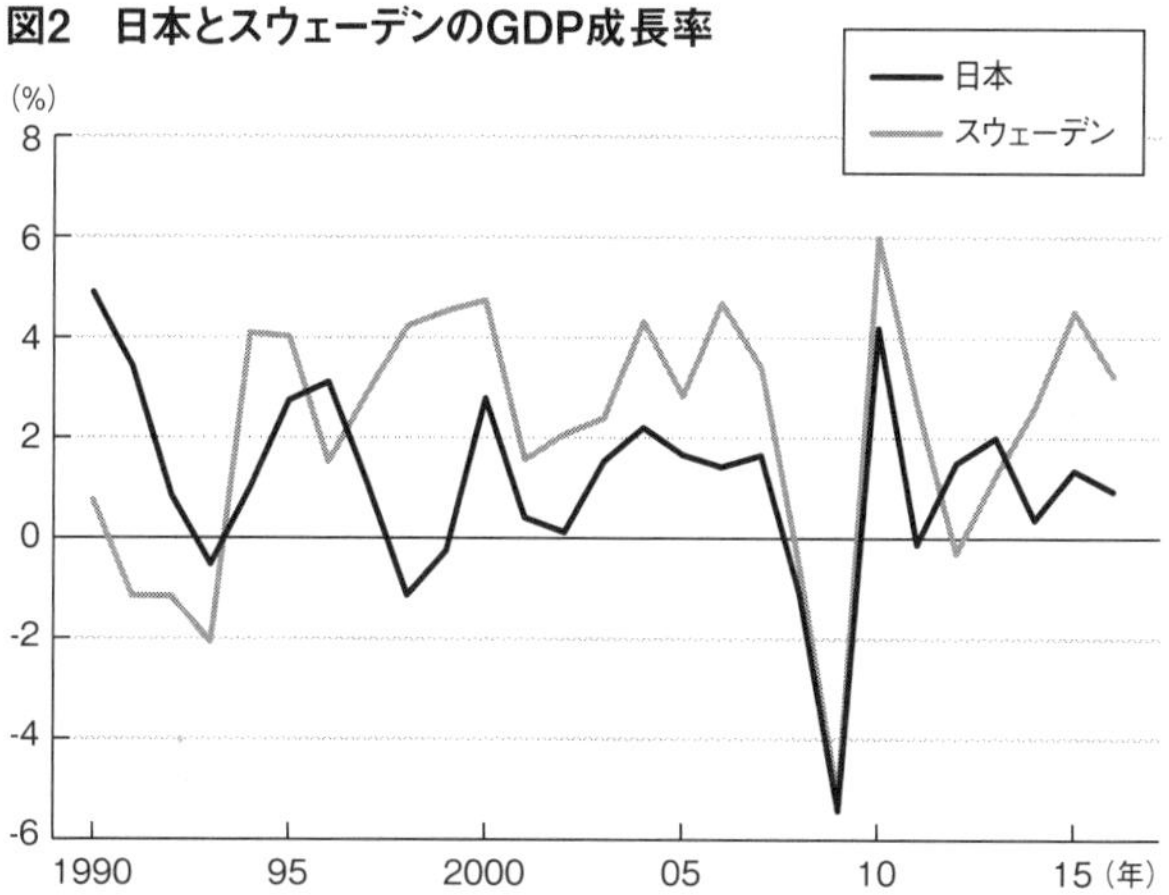

OECD iLibrary. より作成。

歳児が三〇・二%、二歳児が三七・七%である（平成二五年「待機児童数調査」）。差は歴然としている。

一クラスあたりの児童数も見ておこう。児童数が少ないほど、手厚いサービスを受けられることはいうまでもない。スウェーデンでは一クラスあたり約一七人であり、これも日本の文部科学省が設置基準で定めている三五人あるいは厚生労働省の保育所基準と比較しても、サービスの手厚さは明確だといえる。

こうしたスウェーデンと日本のちがいは、その他のサービスや現金の給付にも行きわたっている。

図3　日本とスウェーデンの国際競争力ランキング

	GCI (2016−17年)	WCY (2016年)	GII (2016年)	BDII (2015年)
日本	8位	26位	16位	20位
スウェーデン	6位	5位	2位	10位

注：影響力のある四つの国際競争力ランキングを比較したもの。

スウェーデンでは、大学は無償化され、介護や老人ホームの自己負担も低い。二〇一三年度の障がい者等への給付、家族への給付を対GDP比で見てみると、それぞれ日本の四・五倍、二・八倍という状況である。

こうした手厚い生活保障の話をしたとき、しばしば聞かれる批判として、福祉が充実しすぎると人びとの勤労意欲が損なわれ、経済が停滞するというものがある。

この批判についてはすぐあとで述べるが、図2と3に示されているように、経済成長率で見ても、国際競争力で見ても、生活保障の弱い日本のほうがスウェーデンよりも劣っていることがわかる。

スウェーデンは高福祉高負担、それ自身をめざしてきたわけではない。自由、公正、連帯という社会民主主義的なイデオロギーを実現するために政策を積み重ねてきた結果として豊かな生活保障、高い経済成長率が実現されたのである。

こうして見てくれば、日本の左派・リベラルにとって、スウェーデンが「約束の地」として描かれてきたことにはそれなりの理由があったといえるだろう。

スウェーデン型文明病？

ただ、これはスウェーデンの一面に光をあてたものかもしれない。今度は保守主義の側から同国を見てみよう。

一九七九年に出された自由民主党の研修叢書に『日本型福祉社会』というものがある。この本では、保守主義者のもつスウェーデンのイメージが鮮烈なまでに描き出されている。やや古い著作だが、自民党や保守層の政治思想を知るうえで欠かせない重要文献なのでここで紹介しておきたい。

同書の第二章では「崩壊する福祉理想国家」と題してスウェーデンの紹介がされている。以下、この章のサブタイトルを列挙してみよう。

「孤独な老人達」「寒々とした人間関係」「高い自殺率」「犯罪発生率も異常に高い」「フリ

ー・セックス神話の裏側」「懲罰の観念がない」「アル中患者の多さも問題」

スウェーデン人が知ったら激怒しそうな内容だ。最後は「果たして福祉のお手本か」と問いかけ、「スウェーデンを福祉国家の最高のお手本の如《ごと》く考えて、そのあとを追いかけるのは見当違いではないだろうか」という文章でこの章は締めくくられている。

この本のなかで保守主義者たちがめざしたのは、手厚い福祉を政府が提供するのではなく、自助の精神にのっとり、それを家族機能の強化で補完する「日本型福祉社会」を作りだすことだった。

女性が結婚して家庭をもち、かつ外で働くには、大学を出て企業にはいり、男子専用につくられた終身雇用制と年功序列制に挑戦して組織の中で一定の役割と地位を要求するよりも、いったん家庭の主婦となった上でパート・タイムで働く方が無理がない。

現在の僕たちから見れば衝撃的でさえある文だが、当時の日本社会がこの見かたを支持していたからこそ、自民党は安定与党として政権の座に君臨しつづけたのだった。

こうしたスウェーデンへのきびしいまなざしを知っていた僕にとって、あるおもしろいできごとがあった。

二〇一〇年七月二一日付の「朝日新聞」オピニオン面に「スウェーデンは理想郷ではない」という読者からの投稿が寄せられた。投稿者はスウェーデン在住の小学校の先生だった。彼女は次のように指摘している。

毎年一時帰国するたび、日本で、福祉大国の理想郷としてスウェーデンが語られることを苦々しく思っています。税金が高く、「高負担」は確かですが、「高福祉」には疑問点も多く、日本よりはるかに優れた社会という見方には賛同できません。

（中略）

若者の犯罪増加、就職難、麻薬や性病の蔓延《まんえん》。さらに、フルタイム労働で疲れ切った母親、冷凍物ばかりの夕食。これらが理想郷でしょうか。

さきの『日本型福祉社会』を彷彿《ほうふつ》とさせるような投書がリベラル系の「朝日新聞」に掲載されたわけだ。この投書は大きな話題を呼び、人びとの注目するところとなった。

それから一一日が経《た》った同紙の紙面を見てみよう。この投書を意識したのだろうか、八月一日付の社説で「スウェーデン　立ちすくまないヒントに」というタイトルの文章が掲載された。

この社説では、スウェーデンという「『理想郷』にも裏側がある」ことを認めながらも、「スウェーデンから学ぶべきは、高福祉高負担の仕組みそのもの以上に、難しい政策選択を可能にする政治のあり方」だとして、「人口1千万弱の国の高福祉高負担を日本にそのまま持ち込むのは難しいかもしれない。だが、政治への信頼確保のいくつかのヒントなら、スウェーデンにある」として、やはりお手本としてのスウェーデン論が展開された。

日本の左派・リベラル系の紙上でスウェーデンの良し悪しがいまだにテーマとなり、こうした「やり取り」が交わされたことじたい、スウェーデンという国が日本の思想状況において特別な存在であることを物語っているといえるだろう。

ハンソンの「国民の家」

だが、スウェーデンにおける社会民主主義の成り立ちに光をあてたとき、「家族」とその役割を重視する保守主義者と、社会民主主義のさきがけとなった人たちとのあいだに重要な共通性があることに気づく。

スウェーデンの社会民主主義を語るうえでどうしても外せない人物がいる。それは、ペール・アルビン・ハンソン（一八八五〜一九四六）である。

一九世紀末のスウェーデンはまずしい農業国だった。だが、急速な工業化が進み、都市への人口移動、そして国外への人口流出が大きな社会問題となっていた。

くわえて、一八八〇年代から持続的に出生率が低下し、一九三〇年代にはヨーロッパで最低レベルの出生率に苦しむという事態に陥っていた。

また、急激に労働者層が増大し、彼らの政治的影響力が強まってはいったが、世界大恐慌の影響をもろに受け、一九三一年には失業率が二五％を超えるという危機的な経済状況が生まれていた。

このような深刻な状況のもと、一九三二年の選挙で勝利して首相に就任することとなったのが社会民主労働党の党首だったハンソンである。

ハンソンはその後、逝去するまで一四年間、一九三六年の一時期を除いてほぼ全期間首相を務めつづけ、スウェーデンの社会民主主義の基礎をつくっていった。

ハンソンは首相になる前の一九二八年に「国民の家についての演説」という名の演説を行なっている。これにはスウェーデンの社会民主主義の基本的な考え方が凝縮されている。やや長いが以下に引用しておくこととしよう。

家の基礎は、共同と連帯である。良き家は、特権を与えられた者と軽んじられた者を知らない。お気に入りも継子もいない。そこには、他の者の下にいる者はみられない。そこでは、誰も、他を犠牲にして利益を得ようとはしない。強いものは弱いものにのしかかることも奪うこともない。良き家では、平等、心遣い、協力、助け合いがいきわたっている。これを、国民と市民の大きな家に当てはめると、それは、現在、市民を、特権を与えられた者と軽んじられた者に、優位に立つ者と従属的な立場の者に、富める者と貧しい者、つまり、財産のある者と貧窮した者、奪う者と奪われる者に分けているすべての社会的、経済的バリアの破壊を意味する。

（木下淑恵「P・A・ハンソンと『国民の家』」）

演説のタイトルからも類推できるように、社会民主主義の根底にある価値観は「よき家」、内容に即して読みかえてよければ、家族のなかに見いだされる相互扶助の原理である。家族の価値、それへの思いは決して保守主義者の専売特許ではないのだ。

アリストテレスは『政治学』のなかで、家族のことを毎日の必要のために自然にできた共同体であると位置づけた。そして、家族がふたつ以上集まって村落が生まれ、村落がふたつ以上集まってできる共同体の最終形態を国家と呼んだ。

ハンソンが国家を「国民の家」と読み替えたとき、それはアリストテレス以来の伝統的な国家観と重なりあっている。ことこの点に限定していうならば、社会民主主義と保守主義のちがいは、家族の持つ原理を家のなかで完結させるのか、それとも国家のあり方にまで敷衍《ふえん》していくのかという「射程のちがい」と見ることも可能になる。

以上に述べてきたように、保守と革新、あるいは右と左と区別されるもののなかには、共通するもの、あるいは類似していると解釈可能なものが多くある。

固定的な線引きで変化する社会を理解するのではなく、共同体のなかの「共通善」を出発点としながらも、それを社会民主主義の追求する理念へと昇華させていく可能性についてもっと検討されてよいのではないだろうか——そんな疑問から本書は出発する。

富山県の駅前で受けた衝撃

思いきっていえば、本書は、保守と革新、右と左を、日本社会の実態や現状に即しながら架橋しようとする試みである。

社会民主主義的な政策のあり方と日本の社会、暮らしのなかにある保守的風土との関係を明らかにすること、あえていえば、日本の保守的な土壌を社会民主主義的な社会の障害物として描くのではなく、双方の両立可能性について考えること、この大きな問いに挑もうと考えている。

その目標に向けて以下で取りあげるのが、北陸にある富山県である。

富山県の調査に僕が入るようになったのはかれこれ一〇年以上昔のことだ。ゼミ生との調査合宿で富山県を訪れたのが最初だったが、すでにそのとき、一軒一軒の家の大きさや軽自動車の少なさなど、地方らしくなさ、いい意味での「違和感」のようなものをもったものだった。

いまでも忘れられない光景がある。

僕にとって一番印象的だったのは、朝の通勤時間帯の駅前の雰囲気だった。

ＪR富山駅前で僕は信号待ちをしていた。自家用車で会社に向かう人びとをぼんやりと眺めていたのだが、ふと、車を運転する女性の割合が高いことに気がついた。

ハッと思い、あわてて周囲を見渡してみると、信号待ちをしている人たちのほぼ半分が女性だった。

僕は北陸地方を保守的な地域だと思っていた。すぐあとに述べるように、その見立てはまちがってはいなかった。だが、もしそうだとすれば、なぜこんなに女性の通勤姿を目にできるのだろうか。自民党の研修叢書を知る僕にとってとても不思議な光景に思えた。

だが、同時に、保守とリベラルという線引きに疑問をもっていた僕は、もしかするとこれはおもしろいことになるのではないか、そう直感した。

こんな疑問、気づきをきっかけとして、僕は富山県を年に何度も訪れるようになり、この地域の豊かさ、おもしろさ、そして北陸全体につうじる特性を少しずつ知ることとなった。そして、ここでの発見をつうじて、日本における保守的風土と社会民主主義的な政策との接続可能性についてまとめてみようと考えたのが本書である。

ところで、いまここで僕は豊かさといった。

豊かさを厳密な意味で定義することは簡単なことではない。一方では成長論者が富の豊かさを語り、他方では脱成長論者が経済に還元できない豊かさを語るのは、みなさんもすでによくご存知のことだろう。

そのむつかしさをわかったうえで、さまざまな指標を並べ、くらべてみた。その詳細は次の章に譲るが、富山県を含む北陸三県は明らかに生活の質が高く、かつ日本では異質ともいうべき独特な社会経済の循環が生みだされていることに気づかされた。

それはたんなる量的、経済的な「豊かさ」だけではないのだ。社会の厚み、質ともいうべき、「ゆたかさ」が富山にはある。なぜ、こんな小さな県が「ゆたか」なのか。その

「ゆたかさ」のカギとなるのはいったい何なのだろうか。

進む幸福の再定義

この経済的な「豊かさ」に還元できない「ゆたかさ」の問題に接近するとき、「幸福」をめぐってなされてきたいくつかの議論がヒントになる。

みなさんは「国民総幸福量（Gross National Happiness＝ＧＮＨ）」という言葉を知っているだろうか。この概念に先鞭《せんべん》をつけたのは、人口わずか七八万人、南アジアの小国ブータンだ。

ＧＮＨは、国王のジグミ・シンゲ・ワンチュクが一九七二年の即位直後から提案してきた考え方だといわれている（上田晶子「ブータンに学ぶ国民の幸せとは」）。

「持続可能で公平な社会的、経済的開発」「自然環境の保護」「伝統文化の保護と発展」「よりよい統治の促進」の四つの柱からなり、第一の社会経済的な発展を、他の三つの要素があってはじめて人びとの幸福に資するものだと定義した点に特徴がある。

一九九八年、同国の首相が国連開発計画アジア・太平洋地域ミレニアム会議でＧＮＨに関する基調演説を行なったことをきっかけに急速な広がりを見せ、経済的指標、とくに生産を基準として人びとの幸福をはかることへの国際的な批判が強まっていった。

その代表例としてあげられるのが、J・E・スティグリッツを委員長、A・センをアドバイザーに迎えて、二〇〇八年にフランスで設置された「経済パフォーマンスと社会の進歩の測定に関する委員会」だ。

同委員会の報告書、通称スティグリッツ・レポートでは、経済パフォーマンスだけでなく、社会の進歩の重要性を強調し、「GDPの問題点」「生活の質」「持続可能な開発と環境」という三つのテーマ、そして、将来必要となる一二の指標について、広範な提言が行なわれた（スティグリッツほか『暮らしの質を測る』）。

世界的に進んだ「幸福の再定義」の流れは、日本の議論にも大きな影響を与えた。たとえば、内閣府「幸福度に関する研究会報告」（二〇一一年）、あるいはユニセフ・イノチェンティ研究所と国立社会保障・人口問題研究所の共著「先進国における子どもの幸福度―日本との比較　特別編集版」（二〇一三年）等が日本でも公表されている。

幸福の意味、内容の見直しが進められるなかで、二〇一一年、法政大学の坂本光司研究室が「47都道府県の幸福度に関する研究成果」を発表し、メディアから大きな注目を集めることとなった。

この調査では、生活・家族部門、労働・企業部門、安全・安心部門、医療・健康部門の全四〇指標を掲げ、指標ごとの評点の平均値をもとにして、各都道府県の幸福度の順位づけが行なわれた。

驚くべきことに、この調査において、上位三県に並んだのが福井、富山、石川の北陸三県だったのである。

幸福度ランキングの上位を独占した北陸

あらかじめ断っておけば、人間の幸福を指標化し、順位づけをすることは、決して簡単な作業ではない。

幸福をどう定義するか、どのような指標を選ぶかによって順位は大きく変化する。とりわけ、各都道府県を比較し、順位づけをするためには、すべての県に共通する指標に限定したほうが望ましいし、地域に固有の幸福や困難は無視されがちだ。

たとえば、みなさんであれば、原発の有無をどう考えるだろうか。幸福度一位の福井県は、「もんじゅ」や「ふげん」を含め一五の原発・関連施設を抱えている。一方、富山県にはそれらがひとつもない。ある人はこの差を決定的な違いだとみなすだろうし、ある人はそうではないかもしれない。

また、同じ県内でもさまざまな差が生じうる。

廃棄物処理施設といった迷惑施設の存在、ダム建設による立ち退《の》き、大雪や台風、水害の被害に苦しむことの多い地域など、幸福度の高い県であっても、そのことを実感できない県民が大勢いるかもしれない。

さらにいえば、客観的な指標による幸福度がその県に住む人の幸福と一致する保証はない。それどころか、ある研究によれば、北陸三県の住民は、主観的な幸福度は低いことが明らかになっている（鈴木孝弘ほか「幸福度の都道府県間格差の統計分析」）。

とりわけ、最後の点は非常に重要であるから、あらためて検討したい。だが、これらの限界を認めてもなお、経済的指標に限定せず、生活や家族、安心・安全といった幅広い指標を取り入れることで、幸福の再定義を試みた重要な調査であることはまちがいない。

そして、そのなかで、北陸三県が上位を独占したということは、経済的要因に還元できない、幸福感を支える何らかの特殊な要因＝「ゆたかさ」が存在する可能性があるということだ。

ちなみに、坂本光司研究室の調査は、『日本でいちばん幸せな県民』として公刊され、また、日本総合研究所編『全47都道府県幸福度ランキング』においても、北陸三県は最上位グループに位置する結果となっている。

本書では、北陸三県のなかでも富山県に焦点をあわせるが、富山県も含めた北陸地域の社会構造を考えるとき、政治的保守性や伝統的家族主義に象徴される、共同体的性格が根強く残っていることが指摘されてきた（NHK放送文化研究所編『現代の県民気質』）。

直感的にいえば、北欧に象徴されるような将来不安の少ない社会では、医療や教育、子育てなどの対人社会サービスが充実しており、むしろ自己責任を重視する共同体的な性格は、そうした政策への転換をさまたげる要因として機能しそうである。

さきに見た日本型福祉社会論が自助努力、相互扶助、そしてそれでもどうしようもないときの最後の救いである社会保障を区別し、地域の共同体機能や家族機能の活用を社会保障支出の削減とむすびつける考え方は、保守性が「北欧化」をさまたげる典型的な例である。

だが、人びとの幸福感や社会の「ゆたかさ」を実現する方法が、北欧モデルに限定されるわけでは決してない。

僕たちは、一九九〇年代にグローバルスタンダードという名のアメリカスタンダードモデルを追求してきた。もし、日本の社会的土壌を無視しながら、北欧モデルへの接近をうたったとしても、それはもう一度、同じ過ちを繰り返すだけかもしれない。

この本では、社会民主主義的な政策と日本社会の保守性との緊張感を意識している。富山県の「ゆたかさ」と、政治的保守性、伝統的な家族主義といった共同体的特性との関係に着目する。

だが、問いはそのさきにある。全国的に人間の、そして地域の共同性が弱まっている。そのなかで、伝統的な社会経済的基盤のうえに何を付け加えていくべきかを考えながら、日本におけるゆたかな社会の可能性について検討する。究極的な目的は、保革、左右にしばられることなく社会システムの変革のあり方を考えることにある。

第一章　富山の「ゆたかさ」はどこから来るのか

富山の経済と暮らしの基盤

序章の終わりでは、僕が経験的に感じてきた富山県の「ゆたかさ」についてふれておいた。この章では、富山の社会的、経済的な特徴と強み、それを支えるポイントについて、いくつかのデータをもとに解き明かしていきたいと思う。

以下、富山県庁が作成した『100の指標　統計からみた富山』を用いて富山社会の全体像を示していくこととしたい。なお、示される順位は、執筆時点で入手可能な最新の三カ年度（二〇一五〜一七年度）の平均を示している。

まずは基礎的な情報から見てみることとしよう。

富山は、他の北陸二県と同じく、決して規模の大きな自治体ではない。人口は一〇六万一〇〇〇人（二〇一六年）、全国四七都道府県で三七位であり、むしろ小規模自治体の部類に属する。面積でも三三位、また人口規模を反映して県内総生産も大きくはなく、全国で三一位である。

ところが、マクロの指標から人口あたりの指標に視点を変えると状況は一変する。

一人あたりの県民所得は全国六位に上昇する。ちなみに、福井は一八位、石川は一六位とともに比較的良い順位ではあるが、富山はさらにその上を行っている。

また、一人あたり民間最終消費支出も八位、勤労者世帯の貯蓄額は五位、そして勤労者世帯の実収入（都道府県庁所在市）にいたっては四位へと上昇する。

次に暮らしの環境を見てみよう。

持ち家比率は全国トップである。ちなみに持ち家比率だけではなく、専用住宅延べ面積も全国トップであり、これにともなって一住宅あたりの部屋数や部屋の畳数も全国で一位となっている。実際、富山を訪ねるたび、家の大きさに羨ましさを覚えるものだ。

地方での暮らしといえば、自動車はどうしても欠かせない。富山の自家用車保有台数は全国二位、セカンドカー普及率は三位と、ここでもまた、所得の高さを予想させる結果となっている。

自動車の普及と関連して、改良済み道路の延長が全道路延長に占める割合である道路改良率、道路の改良率と混雑度を総合的に勘案した道路整備率、いずれも一位という状況になっている。ちなみに次章でも取りあげるが、富山は歴史的に手厚い公共投資を実施してきた県でもある。

このように、富山は人口や面積で見ると規模の小さな自治体といわざるをえないが、その経済や生活基盤の充実度にかんしては、全国的に見てもかなり力強い部類に属している。率直にいって、読者はもちろん、当の富山県民も含めて、大勢の人たちが意外に感じるのではないだろうか。

富山経済を支えてきた女性の就労

以上の数値を少し丁寧に見てみると、人口の順位よりも一人あたりの県民所得が大きく順位をあげており、さらにおもしろいことに、その順位以上に勤労者世帯の実収入が順位をあげていることに気づく。

このことは、家庭のなかに複数の労働者がいる可能性、すなわち女性が積極的に労働参加している可能性を示唆している。世帯収入は働く人間の数に左右されるからだ。

そこで、一五歳以上の女性の人口に占める女性就業者の割合、つまり女性就業率を見てみる。するとこの割合は全国で七位であり、共稼ぎ率も五位という順位になっていることがわかる。

ちなみに、女性就業率では、福井、石川の後塵《こうじん》を拝しているが、女性就業者のなかでも、他人に雇われ、報酬を得る「女性雇用者」の割合を取ると全国三位であり、他の二県を大きく引き離している。このことは、自営業主や家族経営のため無給で働く女性の割合が少ないこと、つまり「つとめに行く」女性が多いことを示している。

ここでひとつの問いが浮かぶ。

富山ではなぜ女性の就労が可能なのだろうか。

日本の都市部では幼稚園や保育園の待機児童問題が起きている。富山県や県民の持っている地域性、社会的価値観についてはあとで述べることとして、女性の就労を支える特徴として、次の二点をここで指摘しておこう。

ひとつは三世代同居率と保育所等入所率の高さである。ちなみに、三世代同居とは、祖父母、夫婦、子どもの三世代がひとつの家に同居することをさす。

世帯数全体に占める三世代同居の割合である三世代同居率を見てみると、全国五位であり、これにともなって世帯あたり人員数も四位となっている。以上は北陸のなかでは福井に次いで高い順位である。

一般的にいえば、三世代同居率が高く、おじいちゃん、おばあちゃんが子育ての支援をしてくれれば、女性は子育ての心配をあまりせずに働くことができるだろう。

また、保育所等入所率は全国二位であり、保育所待機児童数もゼロである。

ここでおもしろいのは、これとは反対に、小学校などの義務教育学校の一年生に占める幼稚園修了者の割合が四二位、幼稚園の定員に対する在園児の割合も四五位というきわめて低い順位になっている点だ。

子どもを受け入れる年齢が高く、預かり時間も短い幼稚園は、働く女性にとってあまり好まれる環境ではない。保育所の入所率と幼稚園の就園率の極端なちがいは、女性の就労と深く関係しており、これもまた富山社会の特徴をはっきりと示すものといえる。

ここで図4を見てみよう。これは女性の労働力率を見たものだ。ちなみに労働力率とは、就業者と完全失業者（＝労働力人口）の一五歳以上人口に占める割合をさす。

女性の労働力率は結婚を境に落ち込み、全体としてM字カーブを描くことはよく知られている。女性は結婚、出産によって職を離れ、そのあと子育てが落ち着くと仕事に戻るケ

図4　女性の労働力率

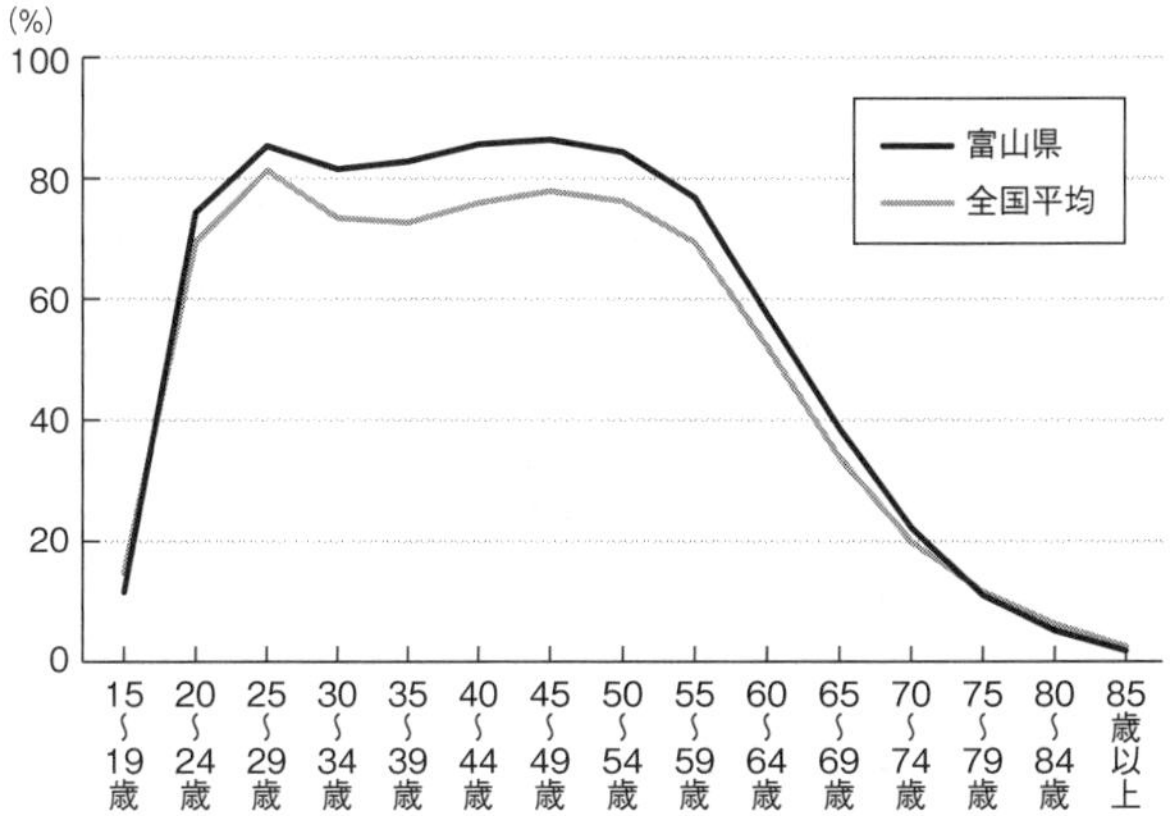

平成27年度国勢調査より作成。

ースが多い。だから図のようなM字カーブが生まれるわけだ。

だが、富山県では、結婚した後の離職率が低く、子どものいる女性が仕事を持つ割合が高いことから、このカーブがとても緩やかになっている。働くことと結婚・出産することとが大きな断絶を持っていない社会だといっていいだろう。

こうした特徴を考えるうえで、三世代同居が浸透し、これを保育施設の存在が支えている現状は、女性の就労を可能とする社会基盤を考えるときに見逃せない点である。

頑健な富山の経済

もうひとつの特徴は経済の強さである。

そもそもの話、地域社会の経済基盤が弱く、十分な雇用先が用意されていなければ、女性の就労がむつかしくなることは容易に想像できるだろう。

富山の経済を考えるうえであらかじめ確認しておきたいことがある。

みなさんは、北陸の大企業の本社はどこにあるとお考えだろうか。

少なくとも僕は、当然のように、企業の本社機能は金沢市に集中しているものだと思いこんでいた。おそらく同じような印象を持っていた人は多いのではないだろうか。

ところが、北陸での企業のメインバンクシェア率がもっとも高い北陸銀行、北陸経済に大きな影響力を持つ北陸電力は、いずれも本店を富山市においている。

さらに、広い平野と立山連峰を源泉とする河川の豊富な水量は、安価で、豊富な電力を富山にもたらし、三協立山や不二越といった大手企業、そしてＹＫＫの生産拠点などを育み、支えてきた。

ここで企業の売上高を、県民人口がほぼ同じである宮崎県、秋田県と比較してみよう。ちなみに、人口の順位は、富山が全国三七位であるのに対して、宮崎が三六位、秋田が三八位である。

宮崎県の企業売上高は一兆円、秋田県は九八〇〇億円であるのに対して、富山はじつに三・六兆円という規模である（平成二八年「経済産業省企業活動基本調査」）。段ちがいの経済力といっても過言ではないだろう。

このなかでとくに強調しておきたいのは、第二次産業、すなわち製造業、建設業等で働く人たちの比率が全国で一番高いという事実である。

統計的に見ると、サービス業などの第三次産業比率が高い地域では、離職率が大きく、完全失業率も高くなる傾向がある（内閣府「地域経済レポート二〇〇一」）。

これに対して、富山県では歴史的に「ものづくり」が重視され、一九六〇年には全国で一五位だった第二次産業の就業者割合がとうとう一位にまで登りつめたのである。

「富山の薬売り」という言葉をみなさんも聞いたことがあるだろう。

富山は製薬産業が盛んな地域だ。二〇一五年には医薬品の生産金額が過去最高かつ全国一位の七三二五億円に達することとなった。これに金属、機械、電子部品などが加わる。じつは富山は日本海側屈指の工業集積を誇る地域なのである（「富山県総合計画審議会資料」）。

第二次産業は裾野が広く、関連産業の集積が進むため、雇用を生みだす力が強い。また、工場勤務が数多く見られ、正社員であってもシフト勤務となるケースが多いことから、子育てと女性の就労が両立しやすい。第二章でも論じるが、富山で製造業における女性の雇用割合が伝統的に高かったことには理由があるのだ。

以上のような頑健な経済を基盤としながら、完全失業率の低さは全国六位、有効求人倍率は七位、高卒者の県内就職率も三位となっている。ちなみに、県内就職者の就業先で第二次産業が占める割合は全国一位である。

さらにいうと、ただ就職先が見つかりやすいだけではない。

富山は非農林漁業部門における正社員比率が全国でもっとも高いことが知られており、男女別で見ても、女性の正社員比率は全国トップである（「平成二一年経済センサス基礎調査」「富山県男女共同参画審議会資料」）。

安定した一人あたりの県民所得に加え、力強い経済基盤によって女性の就労先、所得が確保された結果、勤労者世帯あたりの実収入は非常に高くなっている。

しかも、女性は非正規雇用ではなく、正規雇用を守られている。富山では、いわば、労働者どうしが雇用を分けあう「ワーク・シェアリング」に近い雇用環境があり、これを三世代同居による高齢者の生活支援、充実した保育所施設の存在が補完している。こうして、女性の高い就業率、正社員比率が保たれ、高い世帯所得水準を可能としているのである。

貧困の少なさと教育水準の高さ

以上の社会経済的な特徴は、興味深い波及効果と、ポジティブな経済循環、社会循環を富山社会に生みだすこととなった。

まず目をひくのは、生活保護被保護率の低さである。

一般的には、完全失業率の高さと生活保護の被保護率の高さとのあいだには、強い正の相関があるといわれている。つまり、統計的に見ると、失業者が多い地域では、生活保護を利用する人も多くなるということだ。

富山では完全失業率が低いことをさきに指摘したが、「厚生統計要覧」を見てみると、やはり同県の生活保護被保護率が全国でもっとも低いことがわかる。

生活保護は人間の生存を保障するしくみであり、必要不可欠であることは論をまたないが、同時にむつかしい制度でもある。

利用者となることへの心理的抵抗の強さ、あるいは、社会や地域の偏見が生活保護の利用をさまたげることがある。こうした側面がのちに述べる共同体意識の強さと重なりあうことで、富山県民の生活保護の利用を抑制している可能性は否定できない。

だが、障がい、疾病に続いて、無年金の高齢者とシングルマザーが被保護者となっている現状を考えてみよう。

高い世帯収入、三世代同居、女性の労働参加を特徴とする富山にあって、無年金の高齢者は同居の子どもが、子どものいるシングルマザーは両親が生活の支援を行なえることを考えれば、被保護率の低さは、当然の結果とも受け取れるだろう。

ふたつ目の波及効果として、教育水準の高さをあげておきたい。

生活保護の被保護率の高さと子どもの平均的な教育水準の高さとのあいだには、有為な負の相関があることが知られている。まずしい家庭では、子どもの学力が低い可能性が高いということだ。これは、まずしい家庭の子どもが教育機会にめぐまれず、親の貧困を引き継いでしまう、いわゆる貧困の連鎖と関係する問題でもある。

子どもの学力を語るとき、一般にイメージされるのは、都市部に多くいる「できる子どもたち」かもしれない。

だが地域の学力水準は平均値でしか測定できない。すると、都市部は生活保護の被保護率が高く、また極端に学力の低い子どもたちも一定割合いるため、むしろ地方部の子どもの学力のほうが平均で見ると高くなる。

一方、祖父母が孫の暮らしや学びをおぎない、世帯あたり所得水準も高い富山では、当然のことながら、大都市部のような極端な学習機会格差、もっとはっきりいえば、「落ちこぼれ」は生まれにくい。

事実、文科省の「全国学力・学習状況調査」でも、小・中学生ともに、富山県は全国トップクラスにある。二〇一七年度の結果を見ると、小六、中三の八科目中七科目で上位五県に入っている。ちなみに、福井、石川も同様に上位に名を連ねている。北陸は教育に熱心な地域だというのは、現地に行くと何度も聞かされる話である。

地域社会の同質性

以上に見た所得面と教育面での同質性は、地域社会の同質性につながっている。開発経済学を専門とするA・S・バラとF・ラペールは、先進工業国において、暴力と犯罪の増大は、国家や社会と個人との関係がゆるんでしまっていることのあらわれだという（A・S・バラ、F・ラペール『グローバル化と社会的排除』）。

所得や教育における貧困の問題は、暴力の問題を生みだす原因となるのと同時に、社会の構成員どうしの価値の共有をむつかしくし、他者への関心を失わせ、社会のつながりを解体させてしまう可能性をはらんでいる。

この見かたにしたがえば、これまでに見てきた富山県の社会経済的な「ゆたかさ」は、社会的なつながりの強さを予想させるし、現実を見てもそうなっている。

富山社会の特質は三世代同居率が高いことだけではない。

地域コミュニティは、自治振興会連絡協議会—自治振興会—町内会・自治会という三層構造からなっており、のちに述べるような、町内会費や自治会費とは異なる独特な経済負担までもが中山間地域などの一部地域には存在する。

また、人口一〇〇〇人あたりの老人クラブ数は全国最多であり、加入率も二位の石川県を大きく引き離してダントツの一位である。また、根強く維持されている青年団や婦人会の活動などとあわせ、地域の密接な人間関係は色濃く残っている。

これらの地域コミュニティの強さは地域の安全とも表裏一体の関係にある。

富山は火災発生件数が全国でもっとも少なく、刑法犯の認知件数も三七位と低い。東日本大震災でも、コミュニティの「声かけ」が生死の境を分けたことはよく知られるところだろう。周囲の人びとに対する関心、注意は、地域の安全を確保するうえで重要な要素だといえる。

地域社会を支えているのは、家を核として形成される人間関係だが、これとの関連から見て興味深い事例がある。それは「富山型デイサービス」だ。

富山型デイサービスとは、高齢者・障がい者・児童に対し、年齢や障がいの有無にかかわらず、同一施設のなかで一体的にサービスを提供するデイサービスである。

一九九三年に病院を退職した三人の看護師がこの取り組みの開拓者だが、二〇〇三年に認められた富山型デイサービス推進特区において、行政が、高齢者、障がい者、児童の垣根を取り払ったことをきっかけに、事業所数が大幅に伸びていった。

事業所がひとつの家、ひとつの家族のように地域に位置づけられながら、そこで困りごとの差別化を図ることなく、必要なサービスが提供される。富山の地域社会の特性、一体性は、福祉サービスのあり方にまで反映されている。この点は第三章であらためて論じたいと思う。

重層的、循環的な富山社会

これまでの内容を整理しよう。

本章で確認したのは、富山社会の土台にあるもの、つまり、重層的で、好循環を生みだす社会、経済の姿だった。

富山社会を論じるうえであらためて強調しておきたいのは、女性の雇用を安定的にし、世帯あたりの高い実収入を可能にしてきた経済基盤である。

富山は大企業の本社がいくつも位置し、製造業を中心としてものづくりが盛んな地域であった。さらに次章でも見るように、手厚い公共投資が雇用の機会を守り、雇用吸収力の強い第二次産業を維持することにも貢献してきた。

こうした特性と表裏の関係にあるのが、全国トップクラスの兼業農家比率である。製造業が発展した地域、公共投資の充実した地域では、当然、農家の兼業先もたくさんあることを意味する。兼業先が豊富にあれば、その地域の農家所得が維持されるだけでなく、人が住みつづけ、コミュニティも維持できるようになる。

一方、水田単作地帯では、長子相続文化が残り、土地を受け継ぐ長男が親の面倒を見るために、三世代同居率も高くなる傾向にある。この傾向は富山でも顕著であり、三世代同居率の高さと同時に、稲作単一経営の割合、水田率もいずれも全国トップである。

ところが、米に頼った農業経営の場合、高い収益を期待することはむつかしい。

実際、富山の一農業経営体あたりの農業産出額を見ると、全国四二位ときわめて低い。共同体的な特性の強い富山社会にとって、兼業先、つまり収入の確保はきわめて重要な課題だったし、高い製造業比率と豊富な公共投資がこの課題を乗りこえるためのカギだったわけだ。

強い経済と三世代同居は、まさに女性の就労を支える前提条件だった。そして、共稼ぎによって得られる高い世帯収入は、旺盛な消費意欲をあと押しし、経済の持続可能性を高めるという好循環を生みだした。

さらにいえば、三世代同居率と女性の就労率の高い地域だからこそ、高齢者やシングルマザーの暮らしが不安定になりにくい。このことは、生活保護によって社会的なスティグマを刻みこまれる可能性を低くするし、子どもの教育水準の平均値を高め、社会の同質性を守ることにもつながっていった。

また、平成二七年度の国勢調査に示されるように、三世代同居率の高さの裏返しとして、富山は、高齢者のうち、一人暮らしの高齢者数が占める割合が全国で四番目に低い。

全国で懸念が強まりつつある独居老人問題を避けることができ、三層構造の地域コミュニティや老人クラブ・婦人会といった組織が、介護をはじめとするさまざまな社会的なコストを抑制することに貢献しているのである。

日本のスウェーデン？

このように見てくると、富山が都道府県別の幸福度ランキングで高い順位を記録したことにはそれなりに理由があることがわかる。さまざまな指標が富山のゆたかさ、厚み、頑健さをはっきりと物語っている。

僕が興味深いと感じるのは、少なくとも数字だけを見るかぎり、こうした社会経済的な成り立ち、循環が、社会民主主義や北欧諸国を高く評価する人たちの理想の姿と重なっているように思われることだ。

もう一度思いだしてほしい。社会民主主義とは、自由、公正、連帯をめざす国際的な運動と簡潔に定義される。

富山の人びとは国際的な運動を行なっているわけではない。また、彼らに「あなたたちは社会民主主義者ですか？」と聞いたら多くの人はきょとんとしてしまうだろう。

だが、彼らが作りだした社会は、少なくとも数字を見るかぎり、これらの条件をかなりの程度満たしたもののように見える。

富山の人びとが大切にしている女性の働く機会の保障は、社会民主主義のめざす自由な社会に不可欠な条件といってよい。実際、北欧諸国の女性の就労率が高い事実は、これまでにもしばしば指摘されてきた点である。

また、一人ひとりの賃金水準がとくに秀でているわけではなくとも、男女がともに正社員として労働参加できる状況は、雇用の分かち合いという点から見て、社会民主主義の志向するそれに近い。

母親の就労の機会とともに、子どもたちの保育の場も整えられている。待機児童がいないことはその象徴である。同時に、女性が出産や子育てを理由に仕事を離れる必要が乏しい社会であることも女性の就労の自由を考えるうえで重要な点である。

生活保護の被保護率の低さ、あるいは子どもの平均的な学力の高さは、社会の公正さを示す重要な指標であることはいうまでもない。

強調しておきたいのは、富山、そして大都市を除く地方では、子どもたちの進学に関して公立の学校の果たす役割が大きい点である。富山社会は、富裕層が名門の私立学校に子どもを通わせる都会のイメージとは対極にある。

子どもの教育コストが低く抑えられる点も北欧諸国を思いださせる。ちなみに、経済センサスをもとに小中高の生徒数一人あたりの塾の事業所数を見てみると、富山は全国で非常に塾の少ない地域であることがわかる。

所得格差の小ささに加えて、社会の同質性や相互扶助的な関係が強いという事実は、社会的な連帯の強さを予想させる。その地域で生まれ、暮らしていく人たちにとって、社会全体の連帯と同時に、生活空間におけるつながりは重要な要素である。

県外に移動した人のうちUターンで出生都道府県に戻る人の割合は、沖縄に次いで富山は高い（国立社会保障・人口問題研究所「第八回人口移動調査」）。こうした傾向は、経済の頑健さ、雇用の強さに加え、子育てのしやすさや地域のつながりなどが交わりあって生みだされているのかもしれない。

日本のリベラルは、スウェーデンを約束の地として語り、理想の社会とみなしがちである。だがじつは、社会民主主義的な政策をつうじてめざされる状況、帰結が、日本の北陸に、富山にあったとしたらどうだろう。

もしそうであれば、僕たちはスウェーデンに学ぶだけでなく、日本の地域社会のなかにも未来への曙光を見いだすべきではないだろうか。まさに、灯台下暗し、である。

社会民主主義的な社会か、それとも保守的な社会か

以上で観察された事実を、もし直感で表現することが許されるならば、富山の人びとは「働く人のための社会」をつくったということではないだろうか。

だれもが働くためには、女性に子育ての心配があってはむつかしいし、男性とのあいだの就労機会格差も当然小さくなければならない。そしてそれらが社会民主主義を採用する北欧諸国と同様に、富山県でもいえるのではないだろうか。

だが一部の読者、いや、もっとはっきりいえば、富山で日々の生活をしている人たちからすると、こうした評価には少なからぬとまどいを覚えることだろう。

そう、話はそんなに単純ではないのだ。

たしかに、女性の正社員としての労働参加、ワーク・シェアリング、子育て可能な環境整備、所得格差の小ささ、安定した雇用など、ヨーロッパの社会民主主義政党が追求してきた社会の姿と重なるものが富山でも見いだされる。

だがそのことは、男女の社会的地位が等しいことと同じではない。

たとえば、富山では家事や冠婚葬祭の担い手はたいていが女性だ。

個人的な経験を語ると、女性たちは地域の会合で食事などの準備をして家に戻り、男たちの宴《うたげ》のあとに片づけにあらわれる。夫の出張の際には妻がその旅のしたくを整えるという話も何度も聞いた。

また、正社員比率が高い一方、女性の管理職割合が全国で七番目に低い。さきに見た富山型デイサービスも、女性が担い手となっている事実は、介護労働が伝統的に女性の責務と考えられてきたことの裏返しのようにも映る。

富山では女性が働くための条件が整っていることはまちがいない。だが、それは必ずしも女性の社会的地位を保障するものとは限らないのである。

地域の密接な人間関係についても同じことがいえる。

一般的にいって、地域内のルールが、消防団や地域のパトロール、町内会行事等、集団的活動への住民の参加を半ば強制することは、みなさんもご存知だろう。

この点は富山でも明確に——おそらくいっそう色濃く——見いだすことができる。

たとえば、雪かきでは、ある家だけがその作業を怠ると、歩行路がその家の前で遮断されることとなる。こうした「迷惑行為」は、コミュニティの内部で批判を招く。それゆえ、近くの家が雪かきを始めると、一斉に地区全体で雪かきが始まる姿は、富山ではおなじみのものである。

地域の安全性、火災や犯罪が起こりにくいという現実も同じだ。

これらは、相互監視、つまりよそ者への警戒心に裏づけられた共同体的秩序と表裏一体である。富山では、都市部を一歩離れると、いまだに家に鍵をしない人たちが見受けられるが、それは、よそ者が近所をうろつけば、すぐにその異常に人びとが気づくことが背景にあるからにほかならない。

富山に学ぶ

富山の一部地域には経済的な独自の負担が存在する。それは、万雑《まんぞう》と呼ばれる地域独自の経済負担である。これは広く北陸地域に見られる慣習のひとつでもある。

北陸では、税や自治会費、町内会費とは別に、戸数割、所得割、反別割《たんべつわり》、資産割といった具合に、さまざまなかたちで少なからぬ金額がサービスの対価、共同体の義務として要求されてきた。この万雑の負担義務を遂行することは、地域社会の構成員としての必要不可欠な条件とみなされてきた。

戸数割であれば、それぞれの家に均等に割り当てられる負担だからわかりやすい。だが僕たちを驚かせるのは、各家庭の所得や資産に応じて負担が決められる点だ。「あの家の所得はいくら」「あの家はこれくらいの資産を持っている」というように、普通であればプライバシーの領域に含まれる情報さえ、一部の地域では伝統的に共有されてきたということである。

さらに、こうした共同体の基礎にあるのは、根強く残る「イエ」の論理である。北陸から東北にかけて、水田単作地帯であった地域では、土地の細分化が進みにくく、農地の長子相続文化が根強く残る傾向がある。

富山県もその例外ではない。土地の長子相続傾向が強く、二、三男女は職を求めて他地域に移動することが歴史的に繰り返されてきた反面、このことが、高い三世代同居率、持ち家比率、さらには全国トップの住宅延面積の基礎条件をなしている。

女性の就労に関しても、富山県でしばしば用いられる表現を使えば「一家に二人主婦はいらない」ことの結果でもあり、強いイエ文化の影響がここにも垣間《かいま》見える。

このように、富山社会に見られる「ゆたかさ」は、表面的に見れば、西欧型福祉国家の社会民主主義的志向と相通じている点が多い。だが、それはヨーロッパのように福祉や教育を社会化し、公共部門が供給するという政治志向、あるいは自由・公正・連帯という社会規範の定着を必ずしも意味しない。

まず、厚みのある伝統的な社会経済基盤があり、その諸機能を地方自治体が補完し、かつ公共部門への人びとの依存を全体として抑えながら、一見すると社会民主主義的に見えるような生活の好循環が実現されているのである。

以上の事実をみなさんはどう評価されるだろうか。

富山を「保守的な社会だ」と斬って捨てることは簡単だ。おそらく多くの左派・リベラルはこうした社会を望もうとはしないのではないだろうか。

だが、本章で明らかにした諸指標、そして富山の人たちがつくりだしたマクロの社会循環は、リベラルや左派がもとめ、そしてついぞ実現できなかった社会の姿にきわめて近いこともまた事実である。

一方、保守派の好む伝統主義的、家族主義的な傾向が支配的であることは、多くの人にとって生きづらさと紙一重というのが実際のところだろう。

だが、そうした傾向は富山だけではなく、日本社会のいたるところに存在している。それをただ「保守的だ」といって批判するだけでは思考停止と変わらない。

保守的だと斬り捨てる前に、保守的なものの内側で起きつつある変化の兆しをうまくつかまえ、より、自由で、公正で、連帯できる社会をめざすことは論理的に可能だし、実際にそうした萌芽《ほうが》が富山社会にも数多く存在している。

僕は富山をユートピアだとは思わない。無前提に賞賛するつもりもない。そうではなく、富山社会のこれまで、いま、に深く入りこみ、学び、そのなかでの発見をつうじて、よりよい社会の条件について考えてみたいと思っている。そのヒントが富山に無数にあることを僕は知っているからだ。

次章では、議論の前提として、富山社会の保守的な社会経済基盤がどのように構築されてきたのかを見てみよう。戦前以来の時間の流れに焦点をあわせながら、富山県の社会経済的な特徴がどのような条件のもとに形づくられてきたかをあらかじめ確認しておきたい。

第二章　どのように富山県の「ゆたかさ」は形づくられたのか？

効率的だがまずしかった農民

この章では、富山社会の基部ともいうべき、保守性や伝統的な家族主義がどのように形づくられてきたのかについて考えてみることとしよう。

この問題を考えるとき、まず取りあげなければならないひとつ目の要因が、地主・小作関係を軸としてつくられてきた農村の秩序である。

以下、『富山県史』『富山市史』を手がかりに、近世、明治期の富山の農村を見てみよう。

当時、耕地の利用率は低かったけれども、農業先進地帯とみなされていた大阪をしのぐ農産物販売価格を記録していた。

また、稲作の収穫量もとても高かった。明治前期の稲作平均反収《たんしゅう》は、全国平均が一・三六石だったのに対し、富山県は一・八一石であり、これは全国最高値だった。

蝦夷地《えぞち》（いまの北海道）を含む日本海地域と大阪を、西廻《にしまわ》り航路でむすんだ輸送船を「北前船《きたまえぶね》」と呼ぶ。富山は、この北前船による松前交易の拠点のひとつで、江戸期のころから北海道より買い入れた鰊肥《れんぴ》（にしんを用いた肥料）を用いていた。これに耕地整理や品種改良の努力が積み重ねられ、高い反収が実現されたのである。

ただし、反収が高いからといって、当時の富山の農民が裕福だったわけではない。

明治期の富山は、全国でもっとも小作地の割合が高い地域のひとつだった。その割合は五割を超え、石川や福井をはるかに上回っていた。

小作の割合が高いのには理由があった。

富山の水源は高地、豪雪地にあった。また、河川も短く、蛇行していた。そのため、しばしば深刻な洪水が起き、農家経営を左右するような被害がもたらされていた。

おまけに寒冷で、二毛作のむつかしい地域も多かった。そのため、水害や冷害によって飢饉《ききん》が起きると、たとえ一年だけでも農民の家計に大きな打撃が加わり、多くの自作農が土地を売却するような羽目におちいった。

さらにいえば、肥料の多用は、生産性を高めたけれども、農家経済を苦しめる要因ともなった。

たしかに魚肥によって高い反収がもたらされたが、農家はそのための重い肥料費負担に苦しんでいた。そのうえ、多くの肥料商や米商人が肥料や米を投機の対象としたことから、これらの価格変動が大きかったことも農村経済を疲弊させた。

県民の県外への移動

決して裕福とはいえなかった富山の農村は、富山社会にふたつの影響を与えた。

ひとつは県民の県外移住である。

「富山の薬売り」という呼び名で知られるように、富山は売薬業が盛んだったから、古くから出稼ぎ労働が普及した土地柄ではあった。

だが、生活水準の低さに加えて、明治中期になると農業の生産性が高まり、これに出生率の増加、死亡率の低下が加わって、農村の人余りが問題となっていった。

村内での暮らしがきびしくなれば、人びとは、当然、他の地域で仕事をさがすしかない。多くの農民が自作農になることを夢見て、松前交易でなじみのあった北海道を中心に開拓移住の道を選んでいった。

北海道への移住戸数を見てみよう。一八八六年から九一年にかけて富山は全国で一一位だったが、これ以降、順位を五位、二位とじりじり上げ、一九〇二年から一一年にかけてとうとう一位になっている。

このように、農村が人口を養う力を欠いていたことは、長子が「イエ」を相続する一方で、二、三男女が収入を求めて家や村を離れる原因となっていた。それどころか、相続人自身までもが、現金収入を求めて他県に出ることがしばしばあったといわれている。

冬に農村から人がいなくなるとすれば、自然条件とは別に、二毛作がますますむつかしくなる。富山が水田単作地帯であることと、出稼ぎ文化が行きわたっていたこととは、切っても切りはなせない関係にあったのである。

さらに付け加えれば、明治期の富山では、比較的規模の小さい八反前後の耕作地をもつ農家が大部分だったが、北海道への大規模な移住がもたらした農家戸数の減少によって農民人口の増加が食い止められた。

こうして、耕地面積の縮小、土地の細分化は抑えられ、農地を一定規模に保つことができた。だからこそ、長子へと土地が受けつがれ、かわりに長子が親の面倒を見るという習慣が維持されることとなったのである。

政治的な保守化という皮肉

もうひとつの影響、それは、農村のまずしさが小作争議をつうじた政治的保守化につながっていったことであった。

この問題を語るためには、富山で伝統的に認められてきた「慣行小作権」について説明しておかなければならない。

慣行小作権とは、自分の住居の周囲の耕作地にかんして、所有権のあるなしにかかわらず、耕作人に耕作権を認めるという慣習である。終戦後まもなくの調査によると、富山県全体の三六％でこの権利が認められていたという。

小作層とは、一般に、地主から土地を借り、耕作し、収穫の一部を地主に納める人たちである。ところが、富山では、耕作権を「保障」されたばかりか、ときにはその権利を売買することさえあったといわれている。

こうした小作人の地位の高さは、全国平均を大きく下回る小作料負担に端的にあらわれていた。小作でありながら、共同体における地位が高い。この現実をここでは小作の「相対的な自立」と呼んでおこう。

富山の農村社会における「相対的な自立」は政治的な「ねじれ」をもたらした。

全国的に見ると、小作争議が本格化するのは大正中期のことだが、そのころ、富山県内では一九二二年から二八年までの七年間で七三件の争議しか起きていなかった。

だが、昭和恐慌期になり、社会の危機が深まると、小作争議の主戦場が北陸、東北、北海道といった比較的まずしい地域に移っていった。

富山でも、一九二九年から三五年の七年間に争議件数が五四九件へと急増した。小作層の発言権の強さは彼らのはげしい政治闘争へとむすびついていったのだ。

ここで話がねじれるのは、昭和恐慌期に頻発した農民運動が結果的に政治的な保守化をうながした点である。

一九二九年に全国農民組合富山県連合会が創設されたが、彼らの運動は、本部より県連合会の解散指示が出されるほどにまで急進化、先鋭化してしまった。

このことに嫌気した多くの農民は、運動から離れていく道を選んだ。小作層の「相対的な自立」のゆえに激しさを増した闘争運動だったが、かえって農村の政治的保守性を強める結果となったわけである。

政治的な保守化は戦後へと連続していった。占領期に行なわれた農地改革では、全国で土地買収への地主の抵抗が問題となった。これに対し、富山県では、慣行小作権の認められた地域への対応として、県独自の処理方針を打ちだし、安価で土地の売買を行なうことに成功する。

こうして劇的な自作農化が進んだ。

農地改革前に五四%を占めていた小作地面積は六%へと急減した。これは全国レベルで見ても特筆すべき変化だった（富山県農地改革史編纂《へんさん》委員会『富山県農地改革史』）。同時に、多くの農民が土地所有者となったことは、いっそう体制維持的な、政治的保守化を強めていくこととなった。

アジア・太平洋戦争が終わってまもなく、広く農民層を結集した農本党が結成された。同党は、天皇制の絶対護持、農地改革の即時実施を主張していたことからもわかるように、自小作層を中心とした保守政党だった。

戦後初の総選挙が行なわれた一九四六年四月、農本党は二名の公認候補を当選させ、さらに翌年の県議会選挙においては、四四議席のなかで一四の議席を占めることに成功し、県議会の第一党におどりでた。

その後、一九五一年に党は解体されたが、党員の大部分は、後の自由民主党へとつながる国民協同党、民主党へと合流していった。こうしてのちに保守王国と呼ばれることとなる政治の土台がつくられたのである。

伝統的に見られる女性の就労

次に、富山社会に見られる高い女性の就労率について見ておきたい。

女性の就労を必要とした理由もまた、戦前富山の農村のまずしさと関係していた。

一般的にいうと、戦前・戦後初期の日本の農村では、農林業の家族従業者を中心に自営業主など、女性の就労率が高かったことが知られている（労働省婦人少年局『婦人労働の実情　1952年』）。

こうした傾向は富山県でも同様だったが、その背景としてまず注目しておきたいのは、女性の出稼ぎが歴史的に多かったことである。

明治後期になると、農山村では、小自作農、小作農の子女が、とぼしい家計の補助のために、あるいは「口減らし」のために、出稼ぎに出るようになった。

新潟も含め、北陸は戦前の最大の出稼ぎ供給地として知られていたが、そのなかでも高い割合を占めていたのが出稼ぎ女工だった。

戦前の出稼ぎ女工の全体像を知ることはむつかしいが、いくつかのデータを見てみると、おおよその雰囲気はわかる。

一九二〇年の国勢調査では、他府県への人口流出超過県のうち、富山は人口流出人数が全国第二位だった。また、出生人口に占める流出者の割合は全国トップであり、このうち男性の流出は二九・一%、女性のそれも二四・五%に達していた。

次に出稼ぎにしぼって見ると、一九一九年の出稼ぎの総人数は全国第五位だった。このうち女性の占める割合は三五%で、その七割が農家の出身であり、製糸業、機業、紡績業がおもな出稼ぎ先だった。昭和に入って出稼ぎは減少していくが、農村女性の就労意欲、あるいはその経済的必要性は伝統的に強かったことがわかるだろう。

まずしさと女性の就労がむすびついているという事実は、歴史で必ず学ぶ「米騒動」のなかにも垣間見られる。その発火点として知られる魚津の米騒動を見てみよう。

明治・大正期の漁業は、定置漁業が主体であり、好漁場の多くが少数の網元によって占有されていた。自営者はきわめて少なく、雇われの漁夫が圧倒的に多かったから、多数の漁夫が北海道や樺太《からふと》方面へと出稼ぎに出て行っていた。

夫が出稼ぎに行っているあいだ、女性は残された家庭を守ることを誇りとしていた。そして、網引きなどの浜での手伝いはもちろんのこと、内職などをつうじて苦しい家計を補助することも日常だった。

米の値段が高騰したことをきっかけとして、魚津で起きた米騒動が全国に広がっていったこと、その騒動の発端が女性の抗議活動だったことは広く知られている。その女性の反乱は、家を守るという彼女らの名誉と深くかかわっていたのだった。

ここで注意しておきたいのは、富山ではこうした騒動が米騒動以前から繰り返されていた点である。つまり、伝統的に、女性が中心となって生活救助のための集団行動を起こすという社会的基盤がすでに存在していたのである。

こうした風土のもと、出稼ぎ先の不漁と米の価格高騰が重なったことで、留守を任されていた女性が、米の搬出を行なう女仲仕を巻きこみながら、騒動を引き起こしたというのが米騒動の実態だった。イタイイタイ病をめぐる運動の担い手の多くが女性だった事実も、こうした文脈のもとで理解するとわかりやすい。

最後に、富山市における工場労働に着目して、女性の就労について見ておこう。

明治末から大正初期に県知事をつとめた浜田恒之助《つねのすけ》が指摘しているように、明治期には富山市民の半数以上が売薬関係者だったといわれている。

このうち、家庭薬製造業を見てみると、薬の包装工程はほとんどが女性で占められており、工員数の約七五%、職員もあわせた全体の六二%が女性だった。

工場規模で圧倒的に大きかったのは織物業だったが、職工の数を見ると、こちらでも圧倒的に女性が主流であった。清涼簾《すだれ》や新聞・印刷などを含めたすべての工場従業員数で見ると、全体の六八%が女性だった。

このように、女性が働くことは、富山の人びとにとって「当たり前」のことだった。そして、それはまずしさとともに、男性が不在になりがちな社会がなかば必然的に生みだした結果でもあった。

第一章でも確認したように、現在の富山はまずしさとは無縁の地域になった。だが、そのなかでも、女性が働くことは当然だという価値観は、いまもなお、生きつづけている。

富山県の経済的基盤――（一）産業構造の高度化

では、戦前から今日にいたるまで、女性の就労の機会を支えてきた経済基盤がどのように形成されてきたのだろうか。

富山経済が離陸するための最初の分かれ道は日清戦争期だった。

日清戦争以前の時期は、飲食物・農産物・林産物の三加工業と雑貨手芸品が主要産業だったが、戦争をきっかけとして、繊維工業や機械・金属工業が台頭してきた。また、江戸期から富山の経済を支えてきた売薬も、肥料製造とともに化学工業の中心に位置づけられていった。

工業生産額の内訳を見てみると、明治の末期には、紡績、化学、食糧、金属、機械という順になっていた。化学、金属、機械業は、紡績業とならんで富山経済を支える柱となっていったことがわかる。

図5　富山県の主要工業生産額比較（単位：1000円）

1913年		1925年	
売薬	5,396	売薬	19,521
織物	3,733	織物	13,687
清酒	2,456	綿糸紡績	6,018
生糸	1,409	清酒	5,267
銅器	1,156	製糸	4,733
綿糸	835	製造肥料	3,836
製綿	516	西洋紙	2,881
人造肥料	257	麻糸紡績	2,658
用材	242	銅器	2,339
		カーバイド	2,216
		木製品	1,927
		工業用薬品	1,385
		製材	1,179
		板紙	1,140
		パルプ	756

北陸銀行調査部百年史編纂班編『創業百年史』（1978年）より作成。

ただし、明治期はあくまでも農業や売薬業が富山経済の重要な位置を占めていた。富山県の工業化が大きく進むのは、大正末期のことである。

ここで図5を見てみよう。この時期、第一次世界大戦（一九一四〜一八）をあいだにはさんで、急激に産業構造の高度化が進んだことがわかるだろう。

その後第一次大戦後の停滞期を乗りこえ、県総生産額に占める鉱工業生産額は急激に伸びていた。とくに、昭和恐慌からの脱出過程では、鉱工業生産額の地位が決定的になる一方で、鉱工業生産額に占める売薬生産額の地位が急激に下がっていくこととなる。

富山の人びとが売薬で生計を立ててきたことにしばしばふれてきたが、売薬業と富山の県民性の関係について、『富山市史』は、これを市民性に置きかえながら、次のような浜田恒之助の分析を紹介している（内容は筆者が意訳）。

- 妻子を故郷に残し、大海を渡り、販路を世界に求める進取の精神
- 行商の過程では、勤勉で倹約し、欠乏に耐え、わずか一肩の荷物に生涯を賭ける精神
- 病を治すのが先で、利益は後でよいという考え方は、一度、天災地変に見舞われれば、大損失とむすびつくことも少なくないが、それでも取引先を変えない堅忍持久の精神
- 各県、各国を遍歴し、世界の情勢を観察しながら広い知識を習得する精神

こうした精神が工業立県を可能にするという浜田の指摘は、大正末期以降の富山経済の発展を考えたとき、深くうなずけるものがある。

富山県の経済的基盤――(二)電力業の発展

ところで、産業構造の高度化をもう少し注意深く見ていくと、電力業の発展と「大富山市」を標榜《ひょうぼう》して実施された都市計画とが関連していたことに気づく。

北陸三県のうち、石川と福井では繊維工業が地域経済を支えていったが、これに対し、電解電炉工場を誘致し、全国でもトップクラスとなる電源王国への道をあゆんでいったのが富山だった。

一八九八年、富山電燈株式会社が水力発電所の建設に着手し、翌年富山市内に向け送電を開始した。

水力をおもなエネルギー源とする電力業が発展できた最大の理由は、富山県が中部山岳地帯に隣接する一方、平野にめぐまれ、多くの河川によって豊富な水量が確保できたからだった。その結果、東日本の主要都市とくらべて、富山市の電気料金は最低レベルの価格水準だった。

電力業の発展は、産業構造の高度化の土台となった。

実際、大正期をつうじて、電力と関連する工業が急激に増大し、一九二一年には、工業生産額がはじめて農業生産額を上回ることとなった。「米と売薬の富山」に「電力の富山」が加わり、経済的な様相が一変したのである。

このように、豊富で安い電力は、富山経済の重要な戦略資源となったが、一方で、その基盤となった自然環境は、同時に富山経済の足かせともなっていた。

というのも、県内最大の河川である神通川は、蛇行が激しく、たびたび深刻な洪水被害を県民にもたらしたからである。

一九〇一年から〇三年にかけ、河川の曲がった部分をまっすぐにする「神通川馳越線《はせこしせん》工事」が実施された。だが、この工事によって大量の土砂が港湾に流れこんでしまい、松前交易を支えてきた東岩瀬港（現・富山港）への大型船舶の出入りができなくなってしまった。

そこで、大正末期から昭和初期にかけ、「大富山市」のかけ声のもと、神通川の掘削、運河建設などによって港湾の再開発事業が進められた。

これを受け、昭和初期に、豊富な電力、良質な労働力に目をつけた紡績産業が富山に進出するようになる。また、戦後の富山経済を支えてきた企業のひとつ、不二越鋼材工業株式会社（現・株式会社不二越）もこの時期に創設されている。

さらには、東岩瀬港の改修と富岩《ふがん》運河の開通によって、富山北部臨海工業地帯の地理的基礎が完成した。これを土台に、アルミニウム工業、パルプ工業などの大工場が建設されるようになっていったのである。

富山経済の発展が自然と向き合うなかで生みだされてきたという点は、富山の県民性を考えるうえでも非常に重要なポイントである。

富山県の経済的基盤――（三）戦時期に再編が進んだ金融業

最後に富山経済の柱のひとつである金融業を見ておこう。

一八七二年に制定された国立銀行条例をきっかけとして、全国で銀行の設立が相次いだ。北陸で先陣をきったのは金沢第十二国立銀行だった。これから遅れること二年、売薬行商人が中心となって出資し、富山第百二十三国立銀行が創設された。金沢第十二国立銀行の出資者が氏族、とりわけ加賀藩の前田家だった点とくらべていかにも富山らしい船出だったといえる。

その後、富山県の石川県からの分県を期に、安田財閥の創設者として知られる安田善次郎の助言のもと、富山第百二十三国立銀行は、経営難に陥っていた金沢第十二国立銀行と合併し、富山第十二国立銀行となった。

のちの歴史との関連から見て重要だったのは、本店が富山市におかれたことである。

当時の「北国新聞」によると、「名よりも実をとる富山県人の常として、本店を富山市に置いて貰えるならば商号は金沢市にあった元十二銀行を踏襲することにしようということになった」のであった。結果的に見れば、じつにすぐれた決断だった。

この後、中越銀行、富山銀行、高岡銀行といった民間銀行が富山県内では設置されるが、大きな転換点となったのが、戦時期に進められた企業合同である。

一九四三年、富山第十二国立銀行の後継となる十二銀行が、中越銀行、富山銀行、高岡銀行と合併し、北陸銀行となった。

当初、高岡市を経済基盤とし、石川県にも経営基盤を持っていた高岡銀行は、十二銀行との合併に反対しており、石川の加能《かのう》合同銀行との合併の可能性を模索していた。

戦時下の大蔵省は「一県一行主義」をとっていたが、北陸については「三県一行」案も検討されていたという。もし、この案が採用され、統合後の銀行の本店が金沢に置かれていれば富山の歴史は大きく変わったことだろう。

富山の財界は四行の合併にかなり後ろ向きだったが、戦時下という状況のもと、幸運にも、大蔵省の進めていた一県一行主義に沿うかたちで四行合併が成立した。

こうして、地方銀行としては静岡銀行に次ぐ預金規模となる、屈指の地方銀行が富山市に本店をかまえながら、誕生することとなったのであった。

ちなみに、一九四一年の配電統制令によって富山電燈の後継会社である日本海電気を中心とした電力会社の統合が進み、北陸合同電気（のちの北陸電力）が設立された。

これらは、いずれも戦後の北陸経済を支える大企業であり、その本店が富山市におかれたことは、金沢市を中心とする商業圏に対して、富山市を中心とする経済圏の成立を可能にしたという意味で重要な選択だったといえるだろう。

だがそれらはいずれも、戦時下の集権的な統制という条件のもとで、まさに千載一遇のチャンスをものにした幸運の結果でもあった点がじつに興味深い。

社会資本整備を必要とした歴史

富山県における製造業の強さを社会資本整備との関連から見てみよう。

富山では、明治期以降、一貫して積極的な社会資本整備が行なわれてきた。というのも、洪水被害からの復旧や治水が必要だったこと、三方を山に囲まれ、大小無数の荒れ川によって交通の発展が妨げられてきたという背景があったからだ。

洪水との闘いとともに歴史をあゆんできた富山県民にとって、治水事業はまさに生命線を守るための重要な事業だった。

明治初期、旧富山県は新川《にいかわ》県となり、そして新川県の石川県への編入ののち、越中の分離運動を経て、石川県からの分県がなり、現在の富山県が成立した。

このときの分県・独立のエネルギーとなったのは、越中（富山）側の治水施策に対する強い要望だったといわれている。加賀・能登（石川）側は、金沢を中心とした道路整備を重視していた。両県の利害が鋭く対立したことが分県を可能にしたのである。

このような事情・背景があったからこそ、さきに述べたような大富山市構想、大規模な河川工事や港湾施設整備が実施されてきたのであった。

治水事業を中心とした社会資本整備への強い要望は戦後も同様だった。

吉田茂政権のもとで「国土総合開発計画法」が定められ、国の指定にもとづいて「飛越総合開発計画」が策定された。富山（越中）の南部と岐阜（飛騨《ひだ》）の北部をさす飛越地域が特定地域に指定されたのは、政府が、水資源の活用、発電、工業立地の整備をめざしたことを背景としていた。以後、県内を流れる庄川、神通川の整備が進められた。

これを受け、一九五二年に富山は他県にさきがけて「富山県総合開発計画」を策定し、多目的ダムの建設を柱にすえながら、全面的な電源開発に乗りだしていく。

国策として高い重要性を持つ開発計画であり、日本最大の黒部ダムへの着工のきっかけとなったのもこの計画だった。

だがその後、国は「経済自立五カ年計画」や「新長期経済計画」によって、河川総合開発計画から道路、港湾、鉄道などの産業基盤の充実へと政策目的を移行させはじめていく。

富山県は、こうした国の動きにすばやく反応した。一九五七年「修正四カ年計画」を策定し、従来の電源開発に加えて、産業基盤整備にもとづく工業地帯の整備を推進していくこととした。これ以降、第二次産業の発展がいよいよ軌道に乗るようになる。

池田勇人《はやと》政権が「全国総合開発計画」（一九六二年）を策定して以降、全国的に大規模な公共投資が実施されるようになるが、農家が出稼ぎなどの兼業収入に頼っていた富山にあって、このプロセスはとりわけ重要な意味をもっていた。

出稼ぎ収入のウエイトが大きかった富山では、戦前から、兼業農家比率が高かった。一九四一年の『第十八次農林省統計表』を見てみると、兼業農家比率は七三・六％、全国で二番目に高い比率だった。

これは、専業農家では生活が維持できないという小作層の経済的弱さを端的に示すもので、このことが女性の就労や二、三男女の農業・農村からの分離をうながす条件となっていた点はすでに指摘したとおりである。

こうした農村収入の特徴は、戦後へとつづいており、公共投資をつうじて兼業先をつくりだすことは、富山にとってひときわ重要な政策課題として位置づけられていった。

財政が引き取ったリスク

公共投資は富山の社会的秩序を維持するうえで決定的な役割を果たした。この点は非常に重要なので、もう少し掘り下げて見てみよう。

公共投資は働き先としての建設業の重要性を高める。これを農家から見れば、兼業先の確保とつながっていたが、その兼業も、季節的な兼業から通年的な兼業へと変化し、さらには農家にいる女性のパート兼業化をうながしていった。

思いだしてほしい。富山は水田単作地帯であり、長子が土地を相続しつつ、三世代同居で両親の面倒を見てきた。

このような土地柄にあって、農家の収入を維持することは、富山社会の根幹にかかわる問題だ。だからこそ、戦前以来、他地域よりも早く農業の兼業化が進められてきたし、治水事業を中心に県内の社会資本整備が活発に行なわれてきたのである。

戦後になると、動力耕耘機《こううんき》の普及によって、農村部で労働力の過剰化がはじまった。この過剰化した労働力を吸いあげたのも公共投資による建設需要だった。

同時に、兼業化による農業従事者の減少をおぎなったのもまた、この動力耕耘機の普及であり、その購入のためにますます兼業収入への依存が強まるという循環が生じた。

こうして、現在でも全国トップクラスの兼業農家比率、第二次産業就労者比率、道路整備率、道路改良率、そして全国八位の汚水処理人口普及率という、富山の経済的な特徴が定着していったのであった。

公共投資への依存度の高さは財政的な数字にあらわれる。

近年でいえば、公債費による財政負担を示す実質公債費比率が一八％を超えたことで、二〇一一年度から一五年度にかけて、富山県は新たに地方債をおこす際に総務大臣の許可を必要とする、起債許可団体へと移行した。

公債費負担の上昇は、北陸新幹線の負担金が重荷となったことに理由の一端がある。だが、地理的な条件からコストが高くついたことに加え、政治的な志向もあいまって、支出総額に対する土木費の割合も、地方債残高の比率も歴史的に高水準で推移してきた。

注意してほしいのは、ここでの問題は富山の借金体質を批判することではないという点である。

借金の多寡よりも大切なのは、地方自治体がこうした一種のリスクテイクを行ない、農家の兼業先を手厚く保護してきたことによって、農村秩序を軸とした共同体的秩序・機能、そして製造業が他の地域にくらべてよりしっかりと維持されたという「帰結」である。

この意味については、本章の最後にあらためて検討することとしたい。

教育に見る県民性

政治的な保守性と国の政策とが密接に組みあわされるなかで展開された地域政策は、意外に思われるかもしれないが、教育面で富山に大きな影響を与えることとなった。

富山人は自他ともに認める教育熱心な県民性を有している。僕が富山を訪ねてきたこの一〇年のなかで、このことを何度聞かされたかわからない。

だが、江戸末期から明治初期にかけての教育状況を見ると、県内の教育格差が非常に大きく、さらに「女に勉強はいらぬ」という性別間のあつかいのちがいも大きかった。

近代的な小学校教育がはじまった明治初期において、男児の就学率は全国平均なみだったが、女児の就学率は全国最低に近かった事実は、そのことを如実に物語っている。

だが、明治一〇年代になると、こうした状況は少しずつ改善されていく。『富山県史』の表現を借りれば、担当者が「説得、勧奨、懇請、督促、強圧、哀願とあらゆる方法を尽くして涙ぐましい努力」を行なった結果、就学率は明治四〇年代にほぼ一〇〇%になったのである。

この時期の教育の現場を見ると、とてもおもしろいことに、富山県民の競争意識の強さ、より正確にいえば、同じ県内、地域でありながら異なる地区や集落に住む人たちへのライバル意識のようなものを知ることができる。

たとえば、就学率をあげる対策として「小学校標旗掲揚心得」が示され、就学率を示す旗を長竿《ながさお》に立てて校庭に掲げさせ、学校間で就学率が競わせられていた。

小試業・中試業・大試業と呼ばれる小学校の試験も同じだった。とくに大試業は、県官、区長、戸長の監視、多数の父兄参観のもとで行なわれ、成績優良者には賞状や賞品を与え、それを区会所等で公示して村落や一門のほまれとした。

さらには、数校単位で生徒を集めて試験する合同試業、さらに優れた生徒のために一度に何学年も進級可能な「飛び級制度」が設けられたりもしていた。

こうした教育における強い競争意識と、経済成長への志向とが一体となり、富山では、戦後、注目すべき教育体制が整備された。いわゆる三・七体制である。

戦後における富山県の教育は、産業育成と地域開発をめざす総合計画のなかに教育までも組み込んだ点に特徴があった。

たとえば、第一次総合開発計画では、「産業性の見地から教育構造を全面的に近代化する」ことがうたわれ、高校普通科を減らし、職業科を拡大することが目標に掲げられた。一九四九年時点で六五％対三五％だった普・職比率は五九年には四五％対五五％になった。「第二次県勢総合計画」において、七〇年までにこの比率を三〇％対七〇％にすることが掲げられた。これが三・七体制である。

この体制は、普通科に進学を希望する学生を職業科に押し止め、産業界に質の高い人材を供給する役割を果たした。その意味では、たしかに「ものづくり県・富山」の経済的な優位性を支える面を持っていた。

だが他方で、進学先の振りわけが徹底されたことによって、普通科の進学をめざす学生はエリート意識を持ち、教育の現場には「点数主義」がはびこり、中学校間の教師の競争、教室内では生徒どうしの競争が激化した。さらに、富山県では隣接学区への進学を認めていたため、学区間の受験競争もいよいよはげしさを増した（北日本新聞社編集局編『幻の繁栄――差別と選別教育の二十年』）。

このように、県民どうしの教育をめぐる競争意識は戦前から戦後へと見事に連続した。第一章でも見たように、富山県は全国的に見て子どもの学力が明らかに高い。富山県民が「教育熱心だ」というとき、明治期以降の教育後進県から脱却しようとしてきた経験、あるいは共同体内の優劣をめぐる意識の強さ、経済成長の一環に組み込まれ、しのぎをけずるような教育政策とが結合した結果、教育に「熱心にならなければならない」という現実がつくりだされたのかもしれない。

社会教育と地域の共同性

教育に関して、もう一点、社会教育の問題にふれておきたい。

社会教育とは、公的にだれもが参加できるかたちで提供される学習機会のことで、主として学校教育以外の教育活動の総称である。

富山では、明治期から大正前期にかけ、一般庶民を対象とする啓発的、教化的な教育、いわゆる通俗教育が実施されてきたが、これが一九二一年の文部省官制の改正によって社会教育に改められることとなった。

富山には、江戸時代から「若連中《わかれんじゅ》」と呼ばれる成年男子による組織や、「尼お講」と呼ばれる婦人組織が存在していた。

これらが青年団、婦人会として再編され、社会教育の文脈のもと、前者は夜学校、宗教的行事、水防・消防等の公安活動などを行ない、後者も家事経済や児童保育の研究、出征兵士家庭の慰安・救済等の地域活動を担っていったのであった。

戦後、占領期になると公民館の設置が総司令部によって進められ、これを拠点として、青年や婦人に対する社会教育が実施されていった。

一九五三年に青年学級振興法が制定され、公民館活動の一環だった青年講座などが青年学級として正式に位置づけられた。富山では、それに先がけて一九五一年に「青年学級開設要項」が、またこれに一年遅れて「婦人学級開設要項」が出され、従来の婦人講座が婦人学級に編成されていった。

こうして、青年団と青年学級、婦人会と婦人学級が、社会教育の基礎的な単位として、また地域社会のおもな担い手の育成の場として位置づけられていくこととなった。

高度経済成長期になると、全国の青年学級や婦人学級は減少していったが、富山では依然として青年団や婦人会の活動が活発であった。たとえば、青年団は一九六六年の全国平均組織率が一〇％だったが、県内では二四％と高い組織率を誇っていた。

青年団、婦人会、老人クラブといった地域の組織は、戦後の富山社会を支えた重要な活動単位だった。いずれも高度経済成長期ののち、全国平均をはるかに超える割合で加入が進み、すぐあとに述べるように弱体化が懸念されるものの、いまもなおその重要性はおとろえていない。

こうした富山社会の基盤が歴史的に形成されたしくみであるのと同時に、これが社会教育、つまり国や自治体の施策と強くむすびついていた点もまた、富山社会の特徴を示唆するものとして注目すべき点である。

「富山モデル」のむつかしさ

この章では、ときには江戸期も含めた戦前の時代を中心に、富山の「ゆたかさ」の基礎にあるいくつかの要因（三世代同居、地域のつながり、女性の就労、強靭《きょうじん》な経済基盤、子どもたちの高い学力）がどのように形成されてきたのかを検討してきた。

まず、あらためて確認しておきたいことは、富山県に見いだされる「ゆたかさ」は、長い歴史のあゆみとともに生みだされてきたという、当たり前の事実である。

しかも、その「ゆたかさ」は、逆説的ではあるが、農村のまずしさ、きびしい自然環境、歴史的な幸運、国の施策へのすばやい対応、そしてこれらを土台として形づくられた県民性が重なりあうようにして育まれてきたものだった。

このような事実に気づくと、富山に何らかの「ゆたかさ」が見いだされたとして、その「ゆたかさ」をまね、どこかの地域おこし、まちづくりに活《い》かそうとしても、それはおそらく一筋縄ではいかないということは簡単に想像ができるのではないだろうか。

本章が歴史の細々とした断片にこだわりながら、富山社会を論じてきた理由の一端は、当然でありながら、じつは軽視されてきたこの視点を明確にしたかったからだ。

とりわけ、家族や地域共同体の性質、女性の社会的地位、経済のあり方、国の施策と地方の政治の関係といった一つひとつの要素がいわば有機的にむすびつくなかで、富山社会は成り立っている。

こうした「富山性」のどこかを切り取り、モデル化したところで、それは劣化版のコピーづくりにすぎず、むしろそのコピーの安易な適用は、それぞれの地域がもつ特性を破壊する結果に終わってしまうかもしれない。

こうした見かたは、地域おこしの成功事例を取りあげ、ときには事例集を次々に作成しながら、それらの事例、国の意向に沿うような施策を行なう自治体に補助金をだすような政策のあり方に対して、強い疑問を突きつけることとなる。

それともう一点、「ゆたかさ」を生みだしてきた富山だが、その未来がまったくの安泰かと問われるならば、答えは否定的にならざるをえない点にふれておきたい。

たとえば、近年観察される地域コミュニティの変容をどのように理解すべきだろうか。

全国的な流れと同じく、三世代同居率、婦人会や青年団、老人クラブへの参加率等、富

図6　富山県の人口移動（2016年10月1日〜2017年9月30日）

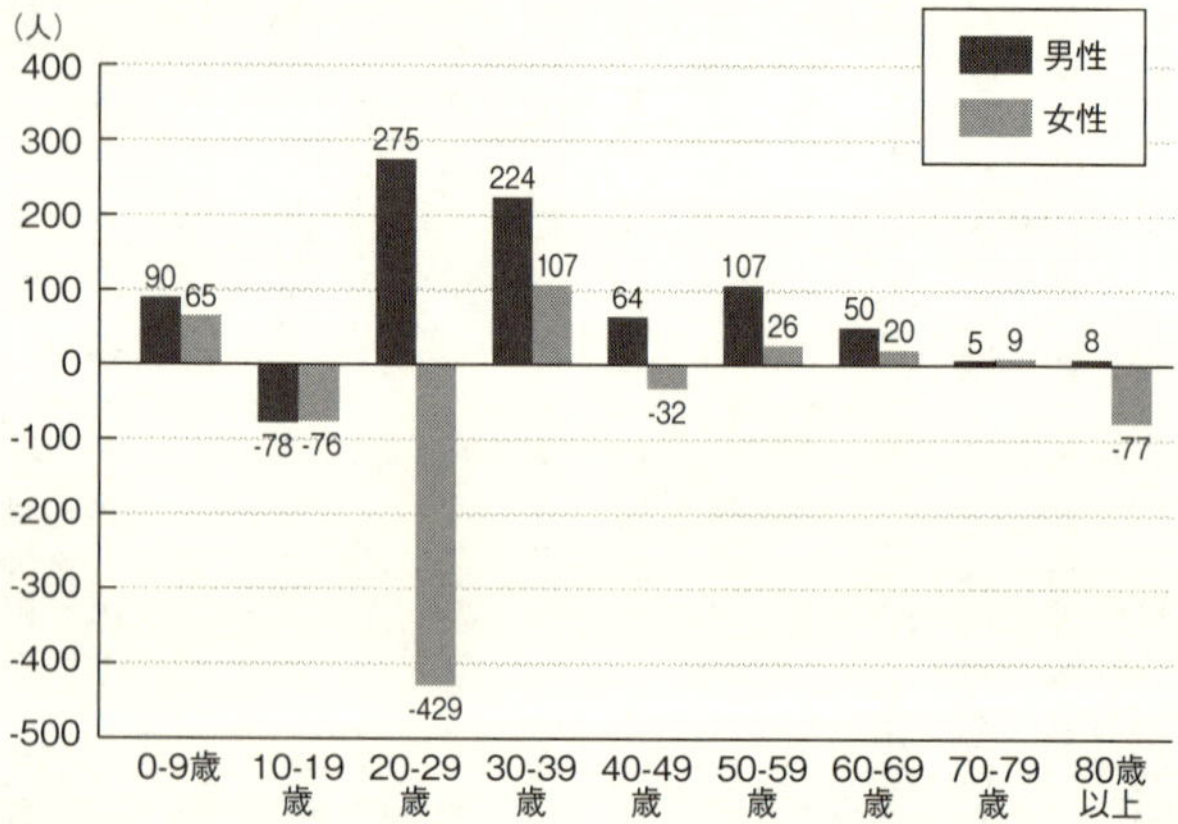

富山県「人口移動調査」より作成。

山県の地域社会を支えてきた要因は、ここ最近、大きくその地位を低下させつつある。

また、とくに深刻だと思われるのは、富山社会を支えてきた女性にとって、ふるさとが必ずしも生きやすい街ではないものになりつつあるという現実である。

この事実は、若い女性の県外流出が増加傾向にあることを見ればよくわかる。

図6を見てほしい。ここに示されるように、二〇代の女性の県外への流出は、同年代男性のそれと比較して、明らかに多い。

また、図7も見てほしい。全国平均と比較して明らかに低かった女性の初婚年齢が、九〇年代以降、急激に上昇し、現在では全国平

図7　女性の平均初婚年齢

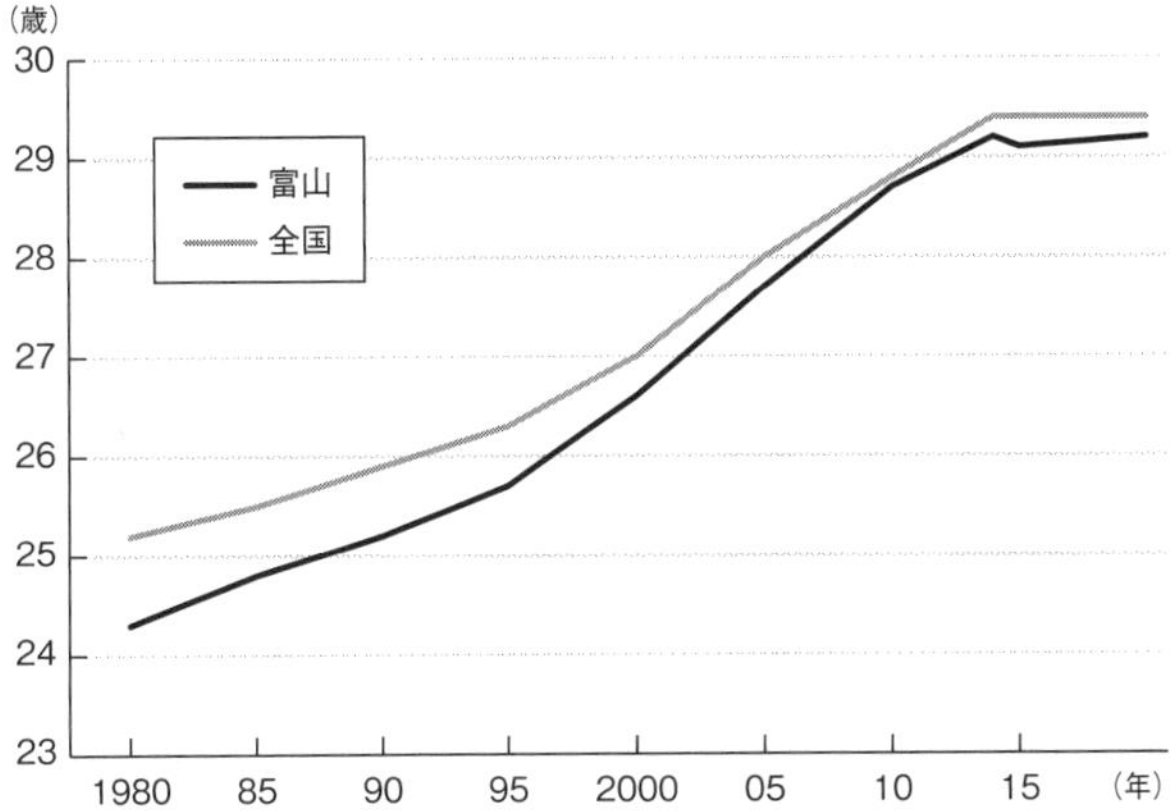

厚労省「人口動態調査」より作成。

均とほとんど変わらなくなっていることがわかるだろう。

こうした「女性の富山離れ、イエ離れ」は、三世代同居率の低下と無縁ではないだろうし、こうした富山社会の土台が揺らげば、富山の「ゆたかさ」は、近い将来、大きく損なわれてしまうかもしれない。

舞台は富山社会の「いま」へ

もちろん絶望することはない。

現実には、別居ではあるものの、きわめて近隣に住宅を建設するというケースが多く見受けられる。また、地域組織の参加率も、全国組織とかかわる業務負担をきらい、正式に加入しないが、実際の地域活動は継続しているというケースも多い。

だが、こうした事実をふまえてもなお、長期的に見れば人口の減少と高齢化が予想され、地域コミュニティの関係がうすれていきつつある富山では、コミュニティを補完する政策の必要性が高まっていくことはまちがいないだろう。

では、公共投資の果たす役割にも限界があり、財政制約もきびしくなるなか、いかなる対応が可能なのだろうか。まだコミュニティ機能が色濃く残っているいまだからこそ、やっておくべきことがあるのではないだろうか。

これとの関連で、最後に考えておきたいのは、「日本型福祉社会」論との関係である。

序章でもふれた日本型福祉社会論は、大平正芳政権のもとで打ちだされた社会観であり、自助、共助を前提としつつ、これらで覆いきれない残余の領域を公助がおぎなうという考え方をさしている。いわば、保守政治を象徴する、小さな政府型、自己責任型の社会モデルということができる。

一見すると、富山に見られた保守性や伝統的な家族主義は、ヨーロッパであれば政府が提供するような対人社会サービス――たとえば、子育て、教育、警察、消防など――を女性や地域が補完するという意味で、日本型福祉社会を体現しているように見える。

だが、現実はこの見えかたとだいぶズレている。

富山の財政状況は決して良好ではないといったが、それは歴史的に、高い兼業農家比率と第二次産業比率という特徴のうち、少なからぬ部分が普通建設事業費によって生まれる雇用で支えられてきたからである。第一章でも見たように、一農業経営体の農業産出額がきわめて低かったことは、全国トップクラスの兼業農家比率とセットだったのである。

つまり、財政が借金をしてまで地域に雇用を生みだしてきたからこそ、人口流出を食い止め、地域コミュニティを維持することも可能だったわけだ。裏を返せば、対人社会サービスを地域社会に委ねることは、その地域の社会資源を維持・機能させるための異なる財政コストを必要としたということである。

現実はこの見かたを裏づけている。

高齢化が進み、地域のコミュニティが弱まり、さらに女性が就労するようになって、政府がその機能代替から逃れられなくなった一九九〇年代に、政府支出や政府債務は急増した。景気対策としての財政出動だけでは政府債務の急増は説明しきれない。

この視点は、高齢者を中心とするケアのために地域の社会資源を活用しようとする「地域包括ケア」の今後を見通すうえでも、重要なポイントとなる。

これを別言するならば、形骸化が進む地域に行政の一部を委ねるとすれば、その形骸化を食い止め、地域を再生するための財政支出なり、施策なりを別途検討しなければならないということである。

あるいは、先にふれたように、富山社会をモデル化するとしても、三世代同居や地域組織への加入といった地域共同性の再構築が大都市部で実現できるとはとても思えない。であるとすれば、富山社会を支える諸要因を発掘、特定したのちに、何らかの財政負担でその要因や機能を代替する必要がある。

富山社会はいま歴史の曲がり角に立たされているのかもしれない。その危機的な現状のなかで、いまどのような取り組みがなされつつあるのだろうか。

そして、その取り組みをなぞるのではなく、そこから浮かびあがる「原理」のようなもののなかに、僕たちはどのような希望を見いだすことができるのだろうか。

舞台を富山社会の「いま」へと移してみよう。

第三章　家族のように支え合い、地域で学び、生きていく

ここからのふたつの章では、僕がこれまでに実施してきたヒアリング調査を素材に、いまの富山社会で行なわれている、さまざまな現場の実践、取り組みを紹介したい。

だがもう一度、注意してほしい。ここでの目的は、富山のさまざまな取り組みのなかから「成功モデル」をピックアップし、それらがいかに先端的か、それがいかに他地域の参考になるかを紹介し、褒めそやすことではない。あるいは、地域切り捨て論にたいする「抵抗の砦《とりで》」をつくることでもない。

僕たちは、富山社会のおもしろさを知り、その歴史を学んだ。富山の人びとは、その延長線上にあって、いま直面する課題にどう取り組もうとしているのか、そのプロセスを注意深く観察し、「富山らしさ」をあぶり出すことが最初の目的だ。

そして、先人たちが紡いできた「富山らしさ」の何が生き残り、何が変わろうとしているのかを見てみたい。その観察をつうじて「富山のゆたかさ」の核心にせまり、そこから日本社会における「ゆたかさ」への道標を示すこととしたい。

富山型デイサービスの開拓者——惣万《そうまん》佳代子さん

少子高齢化は日本社会の直面する最大の難題といってよいだろう。そこで、まずは、第一章でもふれた「富山型デイサービス」から物語をはじめよう。

デイサービスの場合、利用者は施設に住むのではなく、通い、日中の一定時間にサービスを受ける。介護保険制度であれば「通所介護」がこれに該当し、利用者は、施設に通い、食事、入浴、機能訓練等のサービスを利用することとなる。

だが、デイサービスでは、介護にとどまらず、より幅広いサービスが提供されている。たとえば、障がい児の学童保育である放課後等デイサービス、地域活動支援センターをつうじた障がい者向けのデイサービスなどがその例だ。

さて、富山型デイサービス（以下、富山型デイ）が特徴的なのは、年齢や障がいのあるなしにかかわらず、ひとつの施設でだれもがサービスを受けられる点にある。

つまり、子どもも、お年寄りも、障がい者も、それぞれが必要とするサービスを同一の施設内で受けることができるわけである。

富山型デイの先鞭をつけたのは、惣万佳代子さんを代表とするNPO法人「このゆびとーまれ」だ。

看護師として「家に帰りたい」といって涙する高齢者を数多く見てきた惣万さんが、友人たちとともに、家庭的な雰囲気のなかでケアを提供する環境をつくろうと決意したことが富山型デイの出発点だと言われている。

惣万さんは、私財をなげうって民家を改修し、高齢者や障がい者向けのデイサービスに加え、学童保育や乳幼児の一時あずかりも行なった。かなり広い意味でのデイサービス事業だといえる。

当初、富山型デイに対する行政の対応は冷淡だった。というのも、高齢者福祉と障がい者福祉と児童福祉・育児保育とでは担当する課が異なり、国からの補助金、つまりお金の出どころもちがう。縦割り行政が足かせとなって、それぞれのサービスを同一施設で提供することが問題視されたからである。

では、惣万さんは、この困難をどのように乗り越えていったのだろうか。

迅速だった県の動き

一九九三年の設立当初、「このゆびとーまれ」は、補助金を一切受けない「自主事業」として開始された。だから、行政も、この取り組みを黙認せざるをえなかったという。「金を出さない代わりに、口も出さない」という行政の姿勢を惣万さんはいまも高く評価している。反対にいえば、多くの地域で、行政は金を出さないのに口を出すということだ。行政と「このゆびとーまれ」が接近するようになった理由は、惣万さんのパーソナリティと深くかかわっていた。

惣万さんは「鉄の女」と呼ばれることがあるほどに、強い意志、驚くような行動力を兼ね備えている。彼女のロビー活動は粘り強いという次元ではない。行政も根負けし、「できない理由」を説明しても無意味だったことをさとり、次第に「どうすればできるようになるか」を助言するようになっていった。

だが、おそらくもっとも決定的な理由は、障がいをもつ子どものあずけ先を探すのに苦労をしていた親たちが、「このゆびとーまれ」の必要性を行政に強く訴えたことだった。

惣万さんも、「当初は高齢者やその家族に喜ばれると思ってはじめた事業だったけど、予想に反して、このゆびを支持してくれたのは、障がいのある子どもをもつ親たちだった」と振り返る。

介護保険すらなかった時代のことである。惣万さんや利用者の強いもとめに対して、とうとう行政も動かざるをえなくなった。一九九七年からついに補助金の支給が始まるようになったのだ。

おどろくべきは、この補助金が県の補助だったことである。福祉の担当である市よりも図体の大きな県のほうがすばやく動くというのはまさに異例のできごとだった。

翌年、県は、「一日あたり高齢者五人以上」とされていた条件を、「一日あたり高齢者と障がい者をあわせて五人以上」へ変更した。この縦割り行政を打ち破るような画期的な補助金が呼び水となって、富山型デイは県内でまたたく間に広がっていった。

いや、県内だけではなかった。富山型デイの普及はさらに県境をも越えていった。

二〇〇三年には「富山型デイサービス推進特区」、〇六年には「富山型福祉サービス推進特区」の認定を受けて以降、富山型デイは他県にも横展開されるようになった。二〇一六年一月現在、全国で一七〇〇の事業所が存在するまでに富山型デイサービスは広がりを見せている。

二〇一三年には、「とやま地域共生型福祉推進特区」の指定を受け、富山型デイの事業所が障がい者の就労を受け入れることが可能となった。

また、これも富山発であるが、認知症高齢者と障がい者が同じグループホームで生活する「共生型グループホーム」にかんして、これまで入り口や食堂などの設備を二か所ずつ整備しなければならなかったものを、国との協議の結果、市町村等の条例で、まとめてひとつにすることが可能になった。富山の取り組みは確実に国の枠組みを変えはじめているのだ。

富山型デイの進化形態としての「あしたねの森」

富山型デイのキーワードは「地域」「小規模」「当事者本位」「共生」である。そして、この考え方を拡大しながら、富山県はいま、「富山型地域共生」をめざしている。

さきの「共生型グループホーム」もその一環だ。だがここで、「富山型地域共生」の進化型として紹介したいのが、富山市新庄町にある「あしたねの森」である。

図8を見てみよう。「あしたねの森」は、同一敷地内に、高齢者施設と児童施設を共存させた「多世代交流型施設」である。

同じ建物にすべての人びとを受け入れ、そのなかでサービスを提供するわけではないから、「あしたねの森」は富山型デイには分類されない。また、障がいをもつ児童や高齢者は受け入れているものの、障がい者福祉のための施設はない。

だが、子どもと親、そして高齢者がひとつの敷地のなかで交わりあうことを意図して、施設はつくられている。また、少子高齢化が懸念されるなか、高齢者のニーズと同時に、子どもの教育にもかなりのウエイトをおきつつ、障がいの有無による垣根を最小化しようとしている。その意味で「富山型地域共生」の新しいかたち、発展型といってよい。

「あしたねの森」は、ガンバ村保育園、ガンバ村キッズ新庄（学童保育）、ガンバ村スペシャルキッズ（放課後等デイサービス）からなる児童向け施設と、特別養護老人ホーム、ショートステイ、デイサービスからなる高齢者向け施設とで構成されている。

以下では、富山型デイとのちがいを明確にするために、子どもの教育に光をあてながら、「あしたねの森」の取り組みを紹介していくこととしたい。

ガンバ村保育園の風景をはじめて見たときの衝撃は忘れられない。

子どもたちは先生のかけ声とともに、体育館の端から端まで逆立ちをして一斉に前進しだした。また、ブリッジ回転をしながら、長い廊下の端から端まですごいスピードで移動していった。さらには、校庭を音楽二曲分のあいだ園児がずっと走り続けていた。信じられないような身体能力をすべての子どもたちが身につけていたのだ。

驚いたのは身体能力の高さだけではなかった。そろばんを使って子どもたちは計算をし、英語や漢字の勉強をする。休み時間にはオセロや将棋に興じる。

こうした教育水準の高さ、それじたい評価されてよいことではあるが、僕がうならされたのは、一般的な幼稚園、保育園の教育と決定的に異なる三つの点である。

ひとつ目は、こうした高度な教育が、普通の児童、障がいのある児童が同じ空間にいるなかで提供されている点である。

障がいのある子どもには、当然、できないことがある。だが、「あしたねの森」では、その他のできることはすべて、普通の子どもと同じように扱われる。できないことをサポートするのではなく、「失敗する自由」を認め、できることを伸ばすという教育理念が実

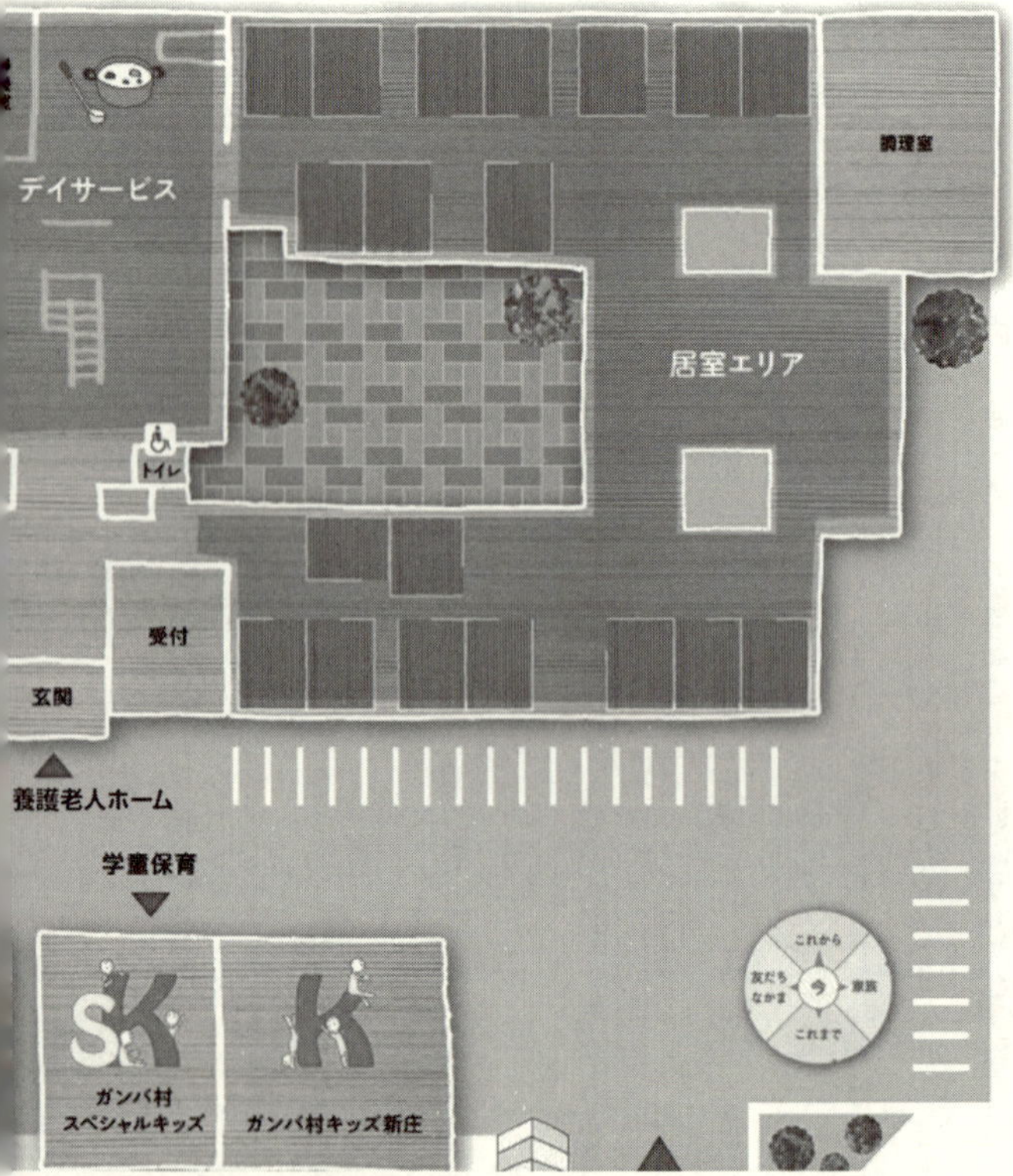
デイサービス
調理室
トイレ
居室エリア
受付
玄関
養護老人ホーム
学童保育
これから
友だち
なかま
今
家族
これまで
ガンバ村
スペシャルキッズ
ガンバ村キッズ新庄

図8　富山市新庄町「あしたねの森」

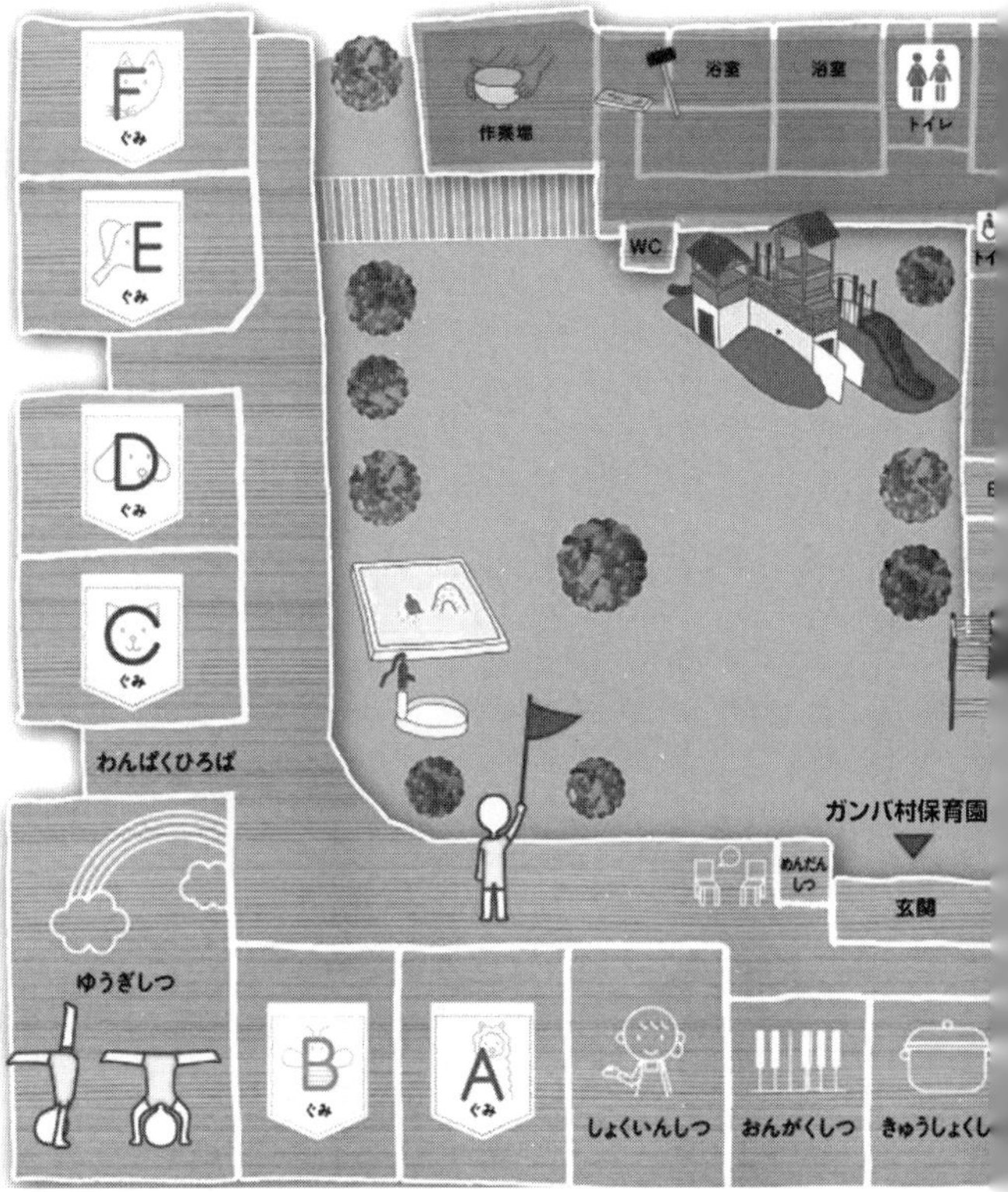

践されているのである。

ふたつ目は、細かくていねいに行なわれている多世代交流である。

子どもたちは、日課として高齢者施設のお年寄りと一緒に中庭でラジオ体操をやったり、掃除の手伝いをしたりする。また、お散歩交流やハロウィンのデコレーションなどをお年寄りと一緒に行なうほか、月の行事として、夏祭りや敬老会、運動会、特養入居者との文通など、さまざまな交流事業が準備されている。子どもたちは日常のなかで老いを学んでいるのである。

第三に、無理に子どもたちをひとつの学年にはめ込もうとしないことである。「あしたねの森」では、それぞれのペースで勉強をさせ、もし、理解が遅ければ子どもたちはひとつ下の学年の子たちと一緒に勉強をする。

職員の佐治直さんは言う。「大人たちが思うほど、子どもたちは学年のちがいを気にしていません。そのうち自然に勉強ができるようになり、もとのクラスに戻っていきます」

ちなみに、どの学年で何を教えるかを教育機関が自由に決め、子どもの学習速度を優先して組み立てられるプログラムは北欧諸国でも広く受け入れられている。

障がいの有無で子どもを区別しない

次に、ガンバ村キッズ新庄とガンバ村スペシャルキッズを見てみよう。

ガンバ村キッズ新庄は「学童保育」の施設である。学童保育とは、日中に保護者が家にいない小学生に対して、授業の終了後、遊びや生活の場を与えることをめざして行なわれる保育事業をさす。

ガンバ村キッズは、遊びや生活の場であるだけでなく、下校後の学習や長期休暇中の学習をサポートする場でもある。子どもたちは、学校の宿題はもちろん、そろばん、漢字検定や数学検定の指導、さらには時事問題についての議論や理科の実験など、幅広いサービスを提供されている。

「あしたねらしさ」は、ここにもあらわれる。

子どもたちは、学習だけではなく、隣接する高齢者向け施設で施設内のゴミを集めてまわったり、お茶出しをしたりする。また、園庭の草むしりに始まり、神社の境内の掃除などのさまざまなボランティア活動を行なう。勉強だけではなく、高齢者や地域の人たちとのかかわりが重視されているのだ。

ガンバ村スペシャルキッズでは、障がいのある児童のための放課後等デイサービスと就学前障がい児の発達支援サービスを提供している。

この施設の最大の特徴もまた、「あしたねの森」の施設内に設置されている点にある。

各自の個別支援計画にもとづきつつ、学習指導や作業訓練、体力作りなどを行ない、マンツーマンで子どもたち一人ひとりの成長をサポートしている。また、学童の子どもたちと一緒にさまざまなボランティア活動にも参加する。

ここで強調しておきたいのは、学童であるガンバ村キッズと障がい児を対象としたガンバ村スペシャルキッズの部屋が同じ建物の同じフロアに設けられていること、そして「あしたねの森」の施設のなかで発達支援を受けられることである。

職員の大島明子さんは言う。

「学童と放課後等デイサービスのふたつが併設されている例は富山にはありませんでした。おそらく全国でも相当めずらしいはずです。親御さんが迎えに来るまで障がいのある子どもたちが部屋に閉じ込められるのはあまりにもかわいそう過ぎます。だから双方を行き来できるようにしたんです」

「発達支援のサポートを受けるため、親御さんは子どもを保育園の授業の途中で別の施設へ送り迎えしなければいけません。この負担はとても大きい。『あしたねの森』では、となりの建物に行けばいいだけですから。本当に楽ですよ」

この施設を作るうえでも、やはり縦割り行政の壁は厚かったようだ。

入り口には障がい児向けのスロープをつくらねばならなかった。一方、車椅子の利用者が玄関から二階に上がるためのエレベーターは義務づけられていない。いずれにしても二階には上がれないのに、スロープだけが義務とされたのだ。

また、建物のなかの階段はスペシャルキッズのものだという理由で、ガンバ村キッズの部屋には外付けでもうひとつ階段の設置をしなければならなかった。これとは別に非常用の階段があるから、明らかな設備の重複である。

福祉の現場では、縦割り行政はいつも大きなコストを生みだす。先に「共生型グループホーム」ではこうした弊害が除去されつつあることを示したが、裏を返せば、その努力はまだ、その他の領域には浸透していないということでもある。

「あしたねの森」を貫いているのは、世代間、世代内の垣根をできるかぎりすべて取り除いていこうとする発想だ。

想像してほしい。二階の窓から外を眺める。すると子どもたちが元気に遊んでいる姿が飛び込んでくる。そんな施設ならだれもが利用したいのではないだろうか。

たしかに介護利用者にはできないこともある。だが、その人たち一人ひとりには、得意なことや自慢できることもある。その自分の特技を子どもたちに教えたり、披露したりする。お年寄りのワクワクする気持ちはみなさんにもわかってもらえるだろう。

それだけではない。これに質が高く、障がいの有無を基準としない教育が重なる。

富山型デイや共生型グループホームに見られた、「家族のようにともに暮らす」という理念を原点としつつも、「あしたねの森」では、そこに質の高い教育サービスを重ね合わせることで「富山型地域共生」の新しい姿を示しつつあるのだ。

僕はこうした「家族」を軸とする取り組みのなかに、富山の「保守的ななにか」がリベラルの志向する「社会民主主義的ななにか」へと接続していく可能性を感じている。

考えてみよう。子どものひとりに障がいがある。おじいちゃん、おばあちゃんに介護が必要だ。でも、たとえ行政からいくらサポートを受けようとも、彼らがひとつの家族のメンバーであることに変わりはない。

できることなら家族がひとつ屋根の下に暮らせるのが一番だろう。保守的な社会ならそれをもとめるかもしれない。だが、女性の就労が当たり前の社会ではそうはいかない。だから、必要なサービスを家族に押しつけるのではなく、行政も含めた社会全体でそれを支え、そのかわり利用者はみな、家族のように同じ場所で暮らせるようにする。保守的な発想が保守の枠組みを超えて行くさまを見て取ることができる。

では、こうした「あしたねの森」の発想は何をきっかけに生まれたのだろう。

「あしたねの森」は、意外なことに、高齢者施設の職員向け託児所の設置が出発点だった。子どもたちがお母さん、お父さんの働いている姿を見たくて施設を訪れる。お年寄りたちは子どもたちがやって来るとみな笑顔になり、瞳をキラキラとかがやかせる。これこそが「あしたねの森」の原風景だった。

もうひとつ、「あしたねの森」では、三世代同居では当然だった高齢者からの「生きること」という学びを重視している。

三世代同居の割合が次第に低下していくなか、それまでの富山であれば、子どもたちにとって自然なことだった「人間が年老いていく光景」が当然のものではなくなりつつある。

だが、「あしたねの森」に来れば、人間が老いるとはどういうことなのか、子どもたちは日々の暮らしのなかで学ぶことができる。

三世代同居には女性にとっての生きづらさがともないがちだ。だから、三世代同居、それじたいを再生産するのではなく、三世代同居で得られるよい点を再生産していくことをめざしたのだ。

さらにいえば、共に生きているのは高齢者と子どもたちだけではない。その家族をも巻き込んで、「富山型地域共生」は進化し続けている。

「あしたねの森」では、毎年八月に夏祭りを行なう。福祉施設の夏祭りと聞くとみなさんはこぢんまりとしたお祭りを想像されるかもしれない。

だが、地元の中学校のブラスバンド、富山商業の応援団、小学生のチアリーディングチームなどが参加し、加えて高齢者施設や児童施設の関係者が一堂に会することから、夏祭りは総勢七〇〇から八〇〇人もの人たちが集う一大イベントとなっている。

この祭りでは、「あしたねの森」の参加者どうしが交流しあう点に特徴がある。幼稚園、保育所の夏祭りといえば、子どもはクラスの友人と遊び、親も子どもの友人の親と会話を楽しむというのがふつうの光景ではないだろうか。

だが、「あしたねの森」の夏祭りでは、それだけではない。

保護者のなかには、自分の両親や祖父母の介護を気にかけはじめる年齢の人たちが意外に多い。だから、夏祭りは、要介護状態にある家族を持つ人たちと子育て世代の親たちとの貴重な意見交換の場となっている。

高齢者や家族から相談を受け、高齢者の見守りや心身の状態に合わせた支援を提供するサービス拠点として「地域包括支援センター」が全国に設けられている。それにもかかわらず、富山市の場合、センターに相談する前に多くの人たちが「あしたねの森」に電話をかけてくるという。これも「富山型地域共生」の予期せぬ効果のひとつといえるだろう。

障がい者就労施設に見る富山らしさ

「富山型地域共生」という視点からひとつ残念なのは、障がい者の施設が「あしたねの森」のなかに設けられていないことである。

この点は「あしたねの森」の人たちも気づいている。

そこで、同一施設内ではないが、「あしたねの森」の母体である社会福祉法人アルペン会が富山市の岩瀬に多機能型就労支援事業所「ワークハーバーMUROYA」を二〇一八年六月にグランドオープンする運びとなった。

対象は一九歳から六四歳までの障害者手帳を持つ人たち。利用期間は二年間だ。施設にはカフェレストランが併設されており、野菜の切込みと運搬、接客、調理加工、クリーニング、野菜の栽培・収穫などのトレーニングを積む。そして「働く練習」を終えた人たちをアルペン会グループや一般企業への就職へと結びつけていく目論見だ。

アルペン会は、もともとリハビリテーションのための施設が中心だったことから、障がい者も含め、すべての人が日常の生活に復帰するための支援をしてきた。だから、経営にたずさわる室谷ゆかりさんも、「障がい者が誇りをもって働くことのできるまちづくりをめざしたい」と語る。

とくに「あしたねの森」には障がい者のための施設がない。アルペン会のリハビリ施設の退院後、そしてガンバ村スペシャルキッズの卒業生が就労訓練を受ける「居場所」をつくりたいとの思いもあった。室谷さんはこう語る。

「医療であること、福祉であること、元気になること、生きる力を引き出すこと、何か不自由があっても、もう一度必要とされる場を作ること、それがアルペンらしさだと思っています」

就労支援施設が「障がい者が必要とされ、誇りをもって働くことのできるまちづくり」と結びつけられているところに「富山らしさ」があらわれている。

「ＭＵＲＯＹＡ」は地元の造り酒屋「桝田酒造店」の酒蔵のすぐそばに設けられている。酒屋の経営者である桝田隆一郎さんは、「岩瀬まちづくり株式会社」の社長でもある。

桝田さんは、その名のとおり岩瀬のまちづくりをリードする人物だ。

「自分が育ったころにくらべて若者が出ていき岩瀬は寂しくなった。子どもが大人になったとき誰もが定住したくなるよう、この地域を誇れるようにしたい」――そんな思いから、由緒ある建造物を買い入れ、改修し、岩瀬ににぎやかなりしころの活気を取りもどそうと、日々、精力的に活動を続けている。

桝田さんのねらいは、建造物の維持・再生だけにあるのではない。そこに若手の芸術家、職人、料理人などを呼び寄せ、伝統と斬新さが調和するまちづくりを進めている。

ここで浮かびあがってくるのは、「ものづくり」をつうじて地域を再生しようとする「富山らしさ」だ。桝田さんはいう。

「どこでも美味《おい》しいもの良いものはたくさんありますが、感動し、脳裏に残り、人に語りたくなるものは少ない。それを富山のなかでいろいろな人びと、集落で作っていくことが富山の誇り、そして日本の誇りにつながると感じています」

こうしたものづくりにかける「誇り」は障がい者との共生にまでおよぶ。

「障がいのあるみなさんも、われわれも同じで、誇れるものをつくる仕事は、楽しく、人生をかけて取り組むに値するものだと思います。私のなかでは障がい者も、職人、芸術家、造り酒屋ももとめるところは同じです。自分の仕事に誇りをもち、家族に尊敬される人が集まるとすれば、こんなに嬉《うれ》しいことはありません」

ここでもまた「家族」の言葉が出てきていることに気をつけてほしい。家族と地域のなかに障がい者の生を位置づけるという視点は、とても興味深い。

桝田さんは、「MUROYA」に最高の商品を提供してほしいとの思いから、純米大吟醸の最高級の酒粕《さけかす》を無償で提供するという。職人の意地という昔ながらの伝統が差別のない、共生の社会とつながっていく――この事実もまた、僕たちに重要な気づきを与えてくれる。

ふるさとへの愛着と誇りを育む

次に、少し場所をずらしながら、別の子どもの教育現場に接近してみよう。

第一章でも述べたように、富山はUターンで出生都道府県に戻る人の割合が非常に高い。また、図9に示されるように、他県にくらべ、社会移動数は、転入率で見ても、転出率で見ても非常に低く、かつ両者が接近している。富山人は出ていかないうえ、出ても戻る人が多いということだ。

図9　都道府県別　転入・転出率

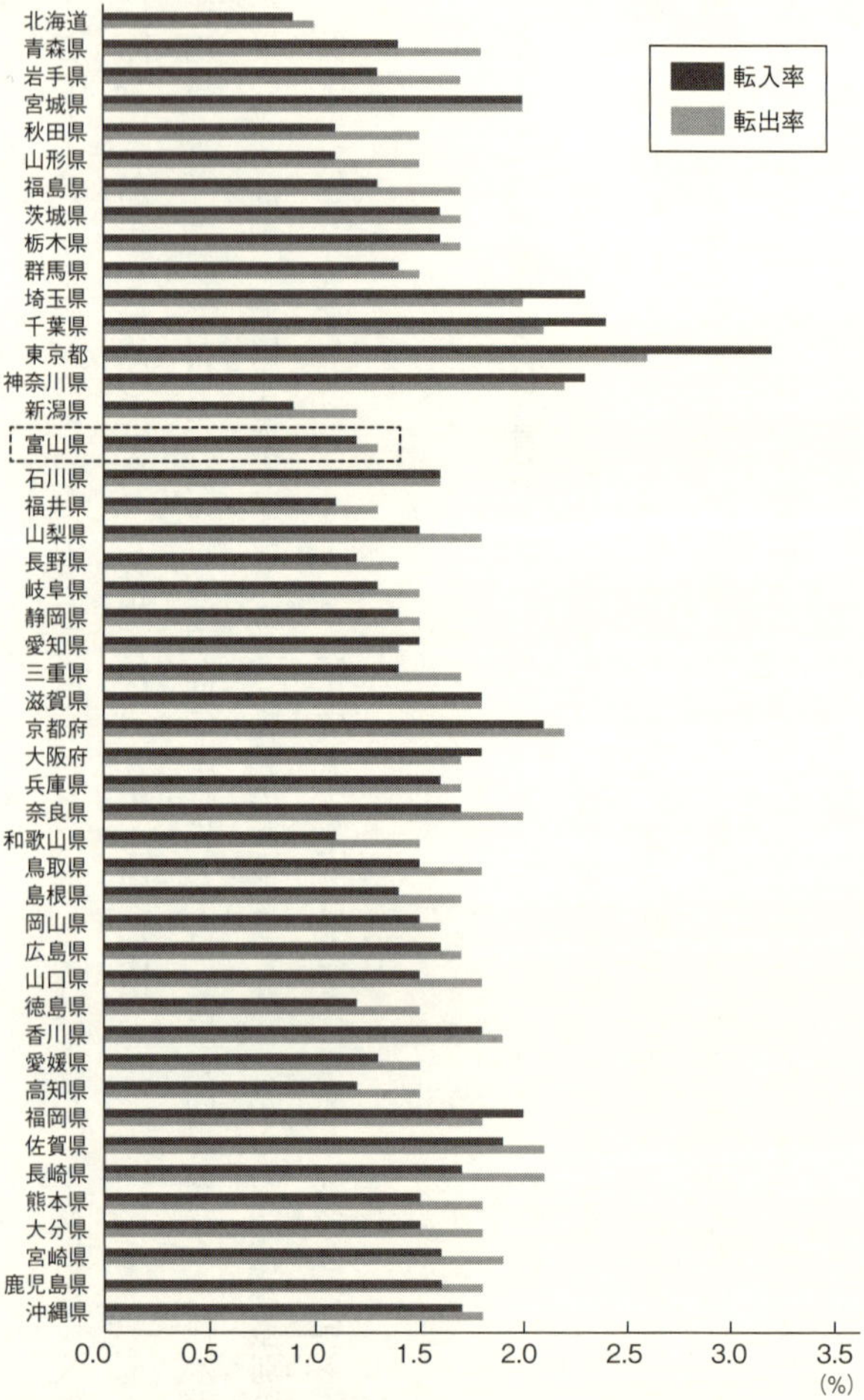

総務省統計局「住民基本台帳移動報告（2017年）」および「人口推計」より作成。
注：日本人の移動について示している。

他県に魅力を感じて移動する県民が少ない、戻る人が多いという意味では、自県を愛してはいるのだろう。

だが、その思いは自県に対する「自信」にはつながっていない。ブランド総合研究所の愛着度、自慢度調査を見てみるとその順位が意外に低いことにおどろく。

そこで富山県射水《いみず》市のふるさと教育に光をあて、こうした現状にどのように学校が立ち向かおうとしているのか、そのなかにどのような「富山らしさ」が発見できるか、見てみたいと思う。

東は富山市、西は高岡市に隣接する射水市は、人口約九万三〇〇〇人、旧射水郡の小杉《こすぎ》町《まち》、大門町《だいもんまち》、大島町《おおしままち》、下村《しもむら》と新湊《しんみなと》市が合併して二〇〇五年に誕生した新しい自治体だ。半径七㎞の円に収まるまとまりのある市で、北は富山湾、平野部をはさんで南部には里山もある自然豊かな地域である。

射水市の総合計画を見てみると、第一に子育てと教育の項目が登場する。そして、冒頭の市長のあいさつ、市の教育振興基本計画のなかにも、地域住民の「郷土への愛着と誇り」を育むことの重要性が訴えられている。ここでも先の「ＭＵＲＯＹＡ」と同じく「誇り」という言葉があらわれている。

全国的に見た場合、郷土教育の必要性は、どの市の教育計画のなかにも一応は盛りこまれている。では、射水のふるさと教育はどのような点に特徴があるのだろうか。

地域の歴史や文化を学ぶという意味では、全国のどの小学校の課程でもふるさと教育は実施されている。だが、射水の場合は、食育や自然との日常的な深いかかわりをつうじて、郷土への誇りを取りもどすことがめざされている。

「サクラマスいのちのリレー」を紹介しよう。これはしばしば耳にする「いのちの教育」の一環だが、富山らしさ、射水らしさがよくあらわれた取り組みである。

みなさんも聞いたことがあるだろう。富山の名産に「鱒《ます》ずし」がある。

鱒は県民になじみの深い魚だが、淡水と海水を行き来する回遊魚だ。この性質に着目して、射水では卵から仔魚《こざかな》にかえす段階を里山に近い大門小学校の子どもたちが受けもち、海沿いの堀岡小学校の子どもたちが稚魚を育てるというリレー形式で「いのちの教育」を実施している。

大門小学校から稚魚が引っ越しする際には、水槽の移しかえの様子などを堀岡小の子どもたちがタブレット端末で見守り、また、無事に成長を遂げているサクラマスの今後について、両校の児童がそれぞれ考えを出しあうといった交流が続けられてきた。

長井忍教育長によると、小学生も高学年になると、それぞれのサクラマスに名前をつけるなど、深い愛着を示すようになるという。

だが、そのかわいがってきたサクラマスを食材にするわけだ。当然のように反発もあり、給食が出されたときには、複雑な思いを抱えた児童もいたことを「北日本新聞」は伝えている（二〇一八年二月二八日付）。

「いのちの教育」が学校の垣根を越えて実施されているのは、市町村合併の予期せぬ効果であり、また、サクラマスという魚の特性、海と里山をあわせもつ射水の自然の特性によるものでもある。

いのちについての学びであるのと同時に、その学びをつうじて地域間、学校間の交流を深め、愛校心を郷土への誇りへとつなげていく、富山らしい取り組みだ。

食育という観点からもうひとつおもしろい事例を紹介しよう。

射水市では、新湊漁業協同組合の協力のもと、市内の小学六年生を対象に、年に一度、学校給食としてベニズワイガニをひとり一杯ずつ提供する「カニ給食」が二〇〇三年から実施されている。

趣旨は、子どもたちに地域の食文化への関心を持ってもらうことにある。夏野元志市長が「カニは射水の味覚の代表格。おいしく味わって、県内外で自慢してほしい」と子どもたちに語ったように、給食にカニが出るという非日常をつうじて、ここでもまた地域への愛着、誇りを育もうという思いがこめられていたのである。

自然との深いかかわり

射水市では、地域への愛着は、食だけではなく、自然とのかかわりのなかでも重視されている。

合併によって誕生した射水市では、旧市町村ごとに多様な自然環境が存在している。こうした自然の多様さもまた、それぞれの小学校の教育と深くむすびつけられている。

富山湾と上流の里山をつなぐ中流域にある小杉小学校では、「川の森づくり学習」が実践されており、「川の森づくり委員会」が活発なクラブ活動を行なっている。

このクラブでは、絶滅の恐れがある水草の栽培や、淡水魚の飼育をとおして、水辺の環境を守る活動に取り組んでいる。

子どもたちは、県の中央植物園のスタッフを学校に招いて水草の栽培方法と水環境とのつながりを教わり、さらに、地域の人たちから河川に生息している小ブナ、ドジョウ、タナゴ、ヌマエビなどの提供を受け、水草との共生や卵の孵化《ふか》をとおして学びを深めている。

このクラブがおもしろいのは、動物や植物が共生する空間であるビオトープを作ってきた経験を地域おこしに活かしている点だ。

近くの神社である十社大神《じっしゃおおかみ》周辺で「十社の杜街中ビオトープ」づくりのプロジェクトが立ちあげられ、児童と地域住民とが一緒になって在来種の水草を植えつづけている。自然とのかかわりは、地域の大人たちとのかかわりと一体化しつつ、地域への愛着づくりに一役買っている。

また、さきにふれた大門小学校でも、アユの稚魚の放流、サケの卵の孵化・放流を行なったり、校区を流れる鴨川のなかで淡水魚を捕獲・観察したりしている。

さらに学校には大型水槽や地下水を使ったビオトープがあり、アユやニジマスなどの飼育が日常的に行なわれている。

地域の自然環境がどのような状況にあるのかを体全体で、地域の大人たちとともに学ぶ。それが美しいものである、めずらしいものであると知れば、だれもがふるさとの自然に誇りをもち、その環境を大切にするために知恵を出しあうだろう。自然をてこにしたふるさと教育の見事な実践である。

ただ、この自然教育をめぐっても、不思議な「富山らしさ」が顔をのぞかせる。

先にふれたように、富山県民は自分の県に誇りをもっていたとしても、それが他県よりも自県が優れていると感じたり、より深い愛着をもつといったりする方向にむかわない。

長井さんは頭をかきながらこう語る。

「文科省の調査で『海、山、湖、川などで遊んだことがありますか』『動物を飼育したり、花や野菜を育てたりしたことがありますか』と聞かれたとき、『何度もあった』と答える子が大都市の平均よりも少なかったんです。こんなことありえないのですが、彼らにとって、豊かな自然があること、それらとかかわっていくことは、当たり前すぎて特別なこと、記憶に残ることではないのかもしれません」

「当たり前すぎる」という表現は富山を知るうえでのキーワードのひとつだ。さまざまな「ゆたかさ」が当たり前すぎて気づかない。この点は終章で再度検討したい。

子どもや県のために「ひと肌脱ぐ」

ここで、もう一度、繰り返しておきたい。

射水市のふるさと教育が大事にしているのは、歴史や伝統を学ぶだけではない。食事や自然のなかに地域の誇りを見いだすこと、そして、地域のなかに尊敬できる人、あこがれの人を見つけ、郷土愛を高めていこうとする実践を重視している。

じつは先にみた食事や自然とのかかわりのなかでも、地域の大人たちがよき先生となって登場している。さらに、地域の大人たちと子どもの仕事をつうじた交わりの場となっているのが、「社会に学ぶ『一四歳の挑戦』」と「いみず鳳雛《ほうすう》きらめき塾」である。

「一四歳の挑戦」は中学二年生を対象とした職場体験プログラムである。あらかじめ断っておくと、これは射水市だけでなく、富山全県で実施されているものだ。

全国的に見ると、阪神・淡路大震災などをきっかけに、「心の教育」の充実を図るべく、一九九八年からはじめられた、兵庫県の「トライやる・ウィーク」が職場体験プログラムの先鞭をつけた。

富山はその翌年からの実施だが、震災といったつらい体験とは無関係に導入された点に特徴がある。全国的に職場体験プログラムは普及しているが、全県で全学生が五日間にわたって参加するのは、富山、兵庫などごくごく一部の地域に限られている。

ここで特筆すべきは、このプログラムに参加する事業所の数である。開始時点で九〇〇を超える事業所が参加していたが、二〇一六年度には三二六〇もの事業所が参加している。生徒一人あたりで見ると、この数は、兵庫県とならんで全国でも屈指の数である。

「一四歳の挑戦」には、当然、射水市の子どもたちも全員参加している。

「普段いくら教えてもきちんとあいさつをしなかった子も、職場体験のあとは元気な声であいさつできるようになるんです。企業のほうでも、子どもたちがじっと見ているというので、普段よりもうんと頑張って仕事をするそうです」

長井さんはつづける。

「射水の企業さんで子どもたちの受け入れを嫌がる方はおられません。子どもたちのため、富山のためというと、できない、しんどいと思っていた人たちも、『どうすればできるでしょうか』とすぐにひと肌脱いでくださろうとします。これも県民性でしょうか」

「ひと肌脱ぐ」という県民性は、「いみず鳳雛きらめき塾」にもあらわれる。

「いみず鳳雛きらめき塾」では、意欲的な中学生を選抜して、射水にゆかりがあり、全国で活躍する事業家に密着し、経営の現場のきびしさ、おもしろさを直接体験するというものだ。「一四歳の挑戦」ですべての子どもたちに職業体験の機会を設けつつ、とくに熱心な子どもたちに対しては、さらなる学びの機会を提供するというあたりが、いかにも教育熱心な富山らしい。

二〇一七年度の事業を見てみると、参加した子どもの数は六名で、旧小杉町の出身である百貨店丸井の創業者青井忠治さんのお孫さん、青井茂さんが講師役に選ばれた。また、同じく旧小杉町出身でラクスル（株）の代表取締役社長の松本恭攝《やすかね》さん、射水に拠点を移してまちづくりで活躍する（株）地域交流センター企画代表取締役の明石博之さん、さらには富山県出身のプロ野球選手石川歩さん、西野勇士さんもこれに加わった。

子どもたちの学びのために「ひと肌脱ぐ」という姿勢はここでも観察される。

自県への愛着度や自慢度が他県より低くあらわれるということと、自県を愛するということは必ずしも同じではないのかもしれない。「子どものため、富山のため」という発想、「ひと肌脱ぐ」県民性は、その他の事例でも共通して観察されるポイントだ。次の章でまたあらためてふれたいと思う。

あったか家族応援プロジェクト

最後に、「射水市あったか家族応援プロジェクト」について見てみよう。

その意図は、すべての保護者に配布されるパンフレットに明確に示されている。

それは、子育てを取り巻く環境が変化するなか、家族とふれあう時間が十分にとれず、地域とのかかわりも薄れてきていることへの危機感だ。

パンフレットには、「いっしょに食事を取ること」「いっぱいおしゃべりをすること」「たのしくお手伝いをすること」の重要性がわかりやすく説明されている。

ただし、このプロジェクトは、たんに、家族と過ごすことの大切さを保護者に啓発するだけのものではない。

まず、射水青年会議所（以下、射水JC）と市教育委員会の協働について見てみよう。

教育委員会のプロジェクトに協力する射水JCは、「あったか家族」をテーマにして、市内の全小学校から標語を募集した。そして、集まった約二〇〇〇点のなかから、七点を選び、これを寸劇にした。

射水JCのメンバーが必要な資材を提供し、小杉小学校の「杉っ子あったか劇団」と地元の「小杉爆笑劇団」が参加し、射水ケーブルネットワークの社員が七つの寸劇を撮影・CM化した。これらは同社の番組やユーチューブ、庁舎ロビーCM等で放映される。

くわえて、本社を射水におくスーパー「アルビス株式会社」でも、家族で食事を楽しめるように、あったか家族を応援する焼肉やバーベキューのセットを販売し、家族との団欒《だんらん》やコミュニケーションのポスターの募集、展示などを夏休み向けに企画している。

また、市内の体育館にあるスポーツクラブなども「あったか家族応援企画」と題して、これに協力している。新湊では、親子でスポーツ教室に参加すると、五〇〇円の割引サービスが受けられ、その他のスポーツクラブもチラシに協賛文を載せたりしている。

さらに、地元の商工会議所、商工会なども、毎月二五日には早めに家族のもとに帰宅することをうながすよう、事業主に呼びかけをしている。まさに、地域が一体となって、家族で過ごす時間の大切さを訴えているのだ。

先にふれた富山型デイ、あしたねの森、MUROYAに共通して出てきたのは、「家族」を軸とした社会の組み立て方だった。そして、ここでもまた、家族という価値に重きをおく「富山らしさ」が全面に浮かびあがっている。

リベラルな政策を志向する人たちのなかには、「家族」という言葉を聞いて眉をひそめる人が多いように思う。それは、家に閉じ込められた専業主婦に、家事や育児といった「シャドウ・ワーク」を押しつける「閉鎖的な場所」として認識されるからだ。

おそらく、保守的な政治志向の強い青年会議所が家族の大事さを訴えていると聞けば、こうした批判はいっそう強まるのではないだろうか。

だが、ここで重要なのは、家族という「場」ではなく、家族の持つ「原理」をどのように社会に仕組んでいくかということである。

少なくとも、保守的な土壌のうえに、社会民主主義者やリベラルが追求するような社会が成り立っているという本書が取りあげたパズルからすれば、それを保守的だと頭ごなしに批判するだけでは無意味である。

そうではなく、保守的な社会に埋めこまれた家族の原理をどのように普遍化すれば、よりよい社会が構想できるのかについて思いを馳《は》せるべきだろう。

この問題については終章であらためて検討したいと思う。

第四章　危機を乗り越えるために「富山らしさ」を考える

日本一小さな「奇跡の村」

この章では地域おこしに取り組むふたつの自治体、舟橋村《ふなはしむら》と朝日町《あさひまち》笹川《ささがわ》地区に注目する。引き続き「富山らしさ」を発掘するのと同時に、ここでは、その「富山らしさ」がどのように変化しつつあるのかについても考えてみることとしたい。

中新川郡《なかにいかわぐん》にある舟橋村は、富山平野のほぼまんなかに位置する、人口三〇〇〇人あまりの村である。面積はわずか三・四七㎢。全国に一七〇〇以上ある地方自治体のなかで、もっとも「小さな村」として知られている。

面積が小さいことには理由がある。それは、彼らが村を守るために、市町村合併を拒んできたからだった。

一九五〇年代をつうじて行なわれた「昭和の大合併」では、かつて村長と衆議院議員を務め、村の行政に大きな影響を与えた稲田健治さんが「舟橋村は日本のモナコになる」といって強く反対し、村議会に設けられた勉強会でも反対が大勢を占めた結果、合併は見送られることとなった（八尾正治「戦国攻防に似た修羅場のあった昭和大合併体験記」）。

平成の大合併でも合併は実現しなかった。舟橋村では当時の松田秀雄村長のもと、上下水道などのインフラ整備を地道に続けてきた。それゆえ、合併のごほうびとして発行が認められた、インフラ整備のための「合併特例債」のうまみがなかったことに加え、富山市と合併しても、かなりの予算が新幹線整備に割かれることが予想されたからだ。

舟橋村のおもしろさは、「日本一小さな村」であるだけでなく、「奇跡の村」としても知られている点にある（富山新聞社報道局編『奇跡の村・舟橋』）。

では、なぜ「奇跡の村」とまでほめたたえられるのか。

それは、面積が日本一小さいだけではなく、ふつう、僕らが小さな村では予想できないような、活気のある行政、人口の流入が起きているからである。

人口三〇〇〇人と聞くと、都会に住む人は、その数の少なさにおどろくかもしれない。

だが、舟橋村では、バブル崩壊前の人口は一四〇〇人前後と低空飛行をつづけていたのに、これが一九九〇年代の半ば以降に急増して、その倍以上の数にまで増えたのだ。

人口急増、それは村が「市街化調整区域」から外れたことが大きな理由だった。市街化調整区域とは、無秩序な開発を抑制するためのもので、あらたな建築物を建てることが原則禁止される地域をさしている。一九七〇年度に舟橋村はこの区域に指定されてしまい、土地開発ができなくなり、人口の増加に歯止めがかけられてしまったのである。

松田村長は、ときには自費を交通費にあててまで、粘り強く、国や県と交渉・陳情を積み重ねた。そして一九八八年、とうとう八年越しの苦労が実り、全国初の区域からの「除外」が実現することとなった。

こうして、舟橋村は「ベッドタウン」として生き延びていくという決断を下し、一気に土地の再開発が動きだした。すると、安価な土地を理由に、富山市に通勤する人たちが、大勢、舟橋村にやってきたのだった。

二〇〇五年の国勢調査では、人口増加率が全国二位を、また、二〇一〇年の同調査では、一五歳未満の人口割合を示す「年少人口割合」が全国一位を記録した。「富山県人口ビジョン」によれば、富山市を除いた県内の市町村で、唯一、人口移動が転入超過となっているのが舟橋村である。

図書の一人あたり貸出冊数が日本一

舟橋村を一躍有名にしたのは、駅に図書館を併設させ、村民一人あたりの図書貸出冊数が日本一を記録したということではないだろうか。

一般的にいうと、図書館は、ある程度の人口がなければ効率的な運営ができない。実際、富山市では、図書館は人口一万人以上の一小学校区にひとつ設置されている。ところが、松田村長の強い思いもあり、舟橋村は少ない人口をものともせず、一九九八年に図書館の開設に踏み切った。

蔵書数は三万八〇〇〇冊からのスタートだったが、二〇一六年度にはなんと八万五〇〇〇冊を超えるほどに大きくなった。

八万五〇〇〇冊といってもピンとこない人が多いだろう。たとえば、本章の後半で取りあげる朝日町は、舟橋村の四倍の人口を数えるにもかかわらず、蔵書数はおよそ一一万冊だ。住民数を考慮すればおどろくほどに大きな数字だということがわかるだろう。

予算面も見てみよう。住民一人あたり図書館費は一万二六九四円、図書費は一三四五円と、それぞれ県の平均一九〇五円、二二八円とくらべ、突出して高い額になっている（『富山県の公共図書館　平成28年度』）。住民たちの図書館にかける思いが伝わってくる。

舟橋村立図書館の特徴は、先ほどふれたように、施設が駅舎と併設されている点にある。村がまず取り組んだのは駐車場の場所の確保だった。理由は、老朽化の進んだ駅舎の建てかえにあわせて、「パーク&ライド方式」を採用したためである。

「パーク&ライド方式」とは、郊外の駐車場に車をおき、そこから公共交通機関を使って市街地に移動する方法のことだ。ようするに、駅の駐車場に車を停《と》め、富山に通勤するという方法をめざしたわけだ。

彼らが「パーク&ライド方式」に目をつけたのは、いってみれば、当然のことだった。舟橋村を走るのは富山地方鉄道だ。当時、越中舟橋駅では、急行電車が停まらなかったうえ、停車する電車の数じたいも少なく、通勤にはとても使い勝手のわるい駅だった。

ベッドタウンをめざす以上は、電車の停車本数は決定的に重要な意味をもつ。だったら近隣の人たち、村外の人たちを呼び込もうじゃないか——こうして、「パーク&ライド方式」が採用され、駐車場の整備が進められた。

この駐車場は当初無料で村外居住者にも開放された。越中舟橋駅を利用する人たちの居住範囲が一気に広がり、駅の利用者の数が増えたことはいうまでもない。

役場の努力に富山地方鉄道も応じた。予定されていた越中舟橋駅の無人化を取りやめ、急行停車駅に変更、さらには、八時台に停車する本数を三本から七本に増やしたのだ。

駅舎を出てすぐ左手を見ると、目の前に図書館の入り口がある。通勤する人の数が増え、自宅と職場を往復する途中で図書館に立ち寄る人の数が増えたのも当然のことだった。

駅の改修、図書館の開設、駐車場の整備、これらの事業には一〇億円を超える予算がかかった。国からの補助金を差し引いても舟橋村の自己負担は九億円を超えていた。

この事業は一九九六年度から二年度にわたって実施されたものだ。ちなみに、九七年度の村の予算が二二億円であるから、相当な規模の公共投資が実施されたといえるだろう。

村はじつに大きな決断をしたことになる。「ムダ」のレッテルが貼られがちな公共投資ではあるが、とても大きな投資効果――それも、経済効果だけではなく、絶大な社会的効果――があったことをここでは認めざるをえない。

住民のなかでの意思疎通のむつかしさ

もちろん、村外の人たちも本を借りるのにたいして、総貸出冊数を村民一人あたりで割るのだから、数字が過大に評価されてしまっているという面はある。だが、村外の人たちを駅に引きつけるために集中的な投資を行ない、それが功を奏したという事実はまったく変わらない。

このように、舟橋村は小さな村であるが、小さな村だからこそ、必要な事業に優先順位をつけ、住民のニーズや要望に効率的に応えていくことができた。

ところで、一見すると順風満帆に見える舟橋村であるが、いまの村長である金森勝雄さんを悩ませている大きな問題がある。

以前から住んでいる「旧住民」、新しく移住してきた「新住民」、なかでも高齢化が進んだ「新住民」、さらに新しく引っ越してきた子育て世代の「新・新住民」とのあいだで、コミュニケーションを取ることがむつかしくなりつつあることだ。

「新住民」は、新興住宅地や団地に住む人が多い。地理的に分断され、「旧住民」との交流が活発だとはいえない状況が続いた。しかも、政治的には、どうしても「旧住民」の声が大きくなるから、自分たちの要望に耳を傾けてもらえないことに「新住民」は不満をおぼえがちだ。

ひとつの例をあげよう。

舟橋村の議員報酬は県内でもっとも安い月額一五万円程度だといわれている。自分でローンを組み、土地や家を買った人たちは、とてもではないが村議になって、自分たちの声を議会にとどけることはできない。

それだけではない。さらに「旧住民」の高齢化が進むことで、立候補者の数が減る。そうなると政治への関心が村全体として停滞するという構造的な問題も起きてしまう。

「新住民」と「新・新住民」の距離感も目につく。

「新住民」のうち、若い世代の「新・新住民」は、地域のお年寄り＝「新住民」とあいさつ程度しか交流はない。

これに対して、「新・新住民」のなかでは、子育てや小中学校のかかわりで助けあいの関係が生まれる。だが、子どもが学校を卒業してしまうと、そうした助けあいはすっかり希薄になる。これを放置すれば、また彼らが歳を取ったとき、地域に根を張れない人が大勢あらわれることは、簡単に予想がつく。

舟橋村役場は、富山大学との協働で、二〇一一年に「生活環境と暮らしの調査」を実施した。この調査結果は役場の人たちに衝撃を与えることとなる。ちなみに、ここで見ているのは、居住年数で区切られた「旧住民」と「新住民」の信用度である。「あなたは、『ご近所の人々は一般的に信用できる』と思いますか」という質問に対し、図10にあるように、「新住民」のうち、六〇歳以上の高齢者で、信用できないと答える人の割合が急激に高くなっていた。

これに対して、「旧住民」については、年齢が上がるにつれ、信用できると回答する人の割合が上昇するという結果が出たのである。

この調査では、統計的な分析をつうじて、住民の信用度とご近所さんと交流している人の数との間に明確な関連性があると結論づけている。

つまり、舟橋村に長く住み、コミュニティの内側で親密な関係を築いてきた「旧住民」と、コミュニティ活動への参加が希薄な「新住民」との間で、ご近所さんへの信用度に明確なちがいが出ること、いわば、村のなかでの心理的な対立が存在しうることが明らかになったのだ。

図10　「あなたは、『ご近所の人々は一般的に信用できる』と思いますか」（旧住民・新住民）

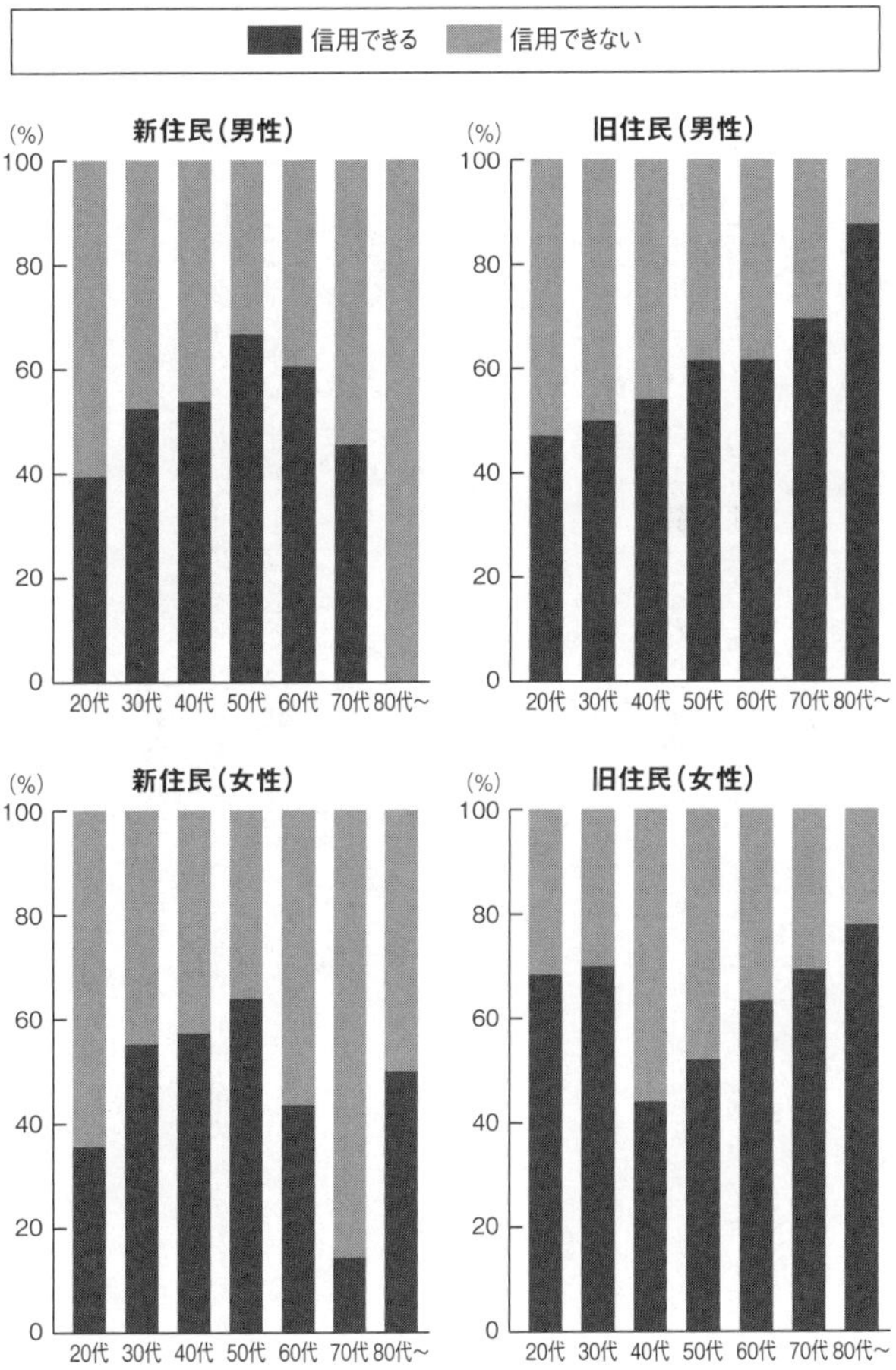

舟橋村資料「子育て共助のまちづくり」より作成。

子育て共助のまちづくり

「新・新住民」にあたる子育て世代をどのように地域社会のなかに受け入れ、定着させていくか。この問題は、少子化を食い止めるうえでも、ベッドタウン機能を活性化させるうえでも、長期的に見て、非常に重要な課題となる。

人口が少なく、住民の顔と顔が見えていた時代から、一九九〇年代に入っていきなり土地開発をはじめ、新たな住民を一気に抱えこむ時代への変化という、舟橋村に固有の課題に直面するなか、金森村長は大きな決断をする。

それは、「子育て共助の村」へと舵《かじ》を切り、子育てをしながら、人と人とのむすびつきをよりどころとして、長く住み続けられるまちづくりをめざすこととしたのである。

子どもを育てるなら舟橋村、住み続けるなら舟橋村——こうした施策の方向性は、金森村政の土台にあったが、これが地方創生の動きとも連動して、「舟橋村創生プロジェクト」として進められ、「子育て共助のまちづくりマスタープラン」のなかに「子育て共助の村」という指針が盛りこまれた。

このプランの目的は、子育て世代の転入を増やし、生活の空間内で人と人とが結びつくようなまちをつくることだ。

図11を見てほしい。まず、モデルエリアを設定し、サービス付き賃貸住宅、保育所、公園をセットでつくることにした。いわば、「住まう場」と「育む場」を近づけ、さらに公園を媒介として世代間で「つながる場」をも一体化していくという構想だ。

図11　子育て共助のまちづくりのイメージ

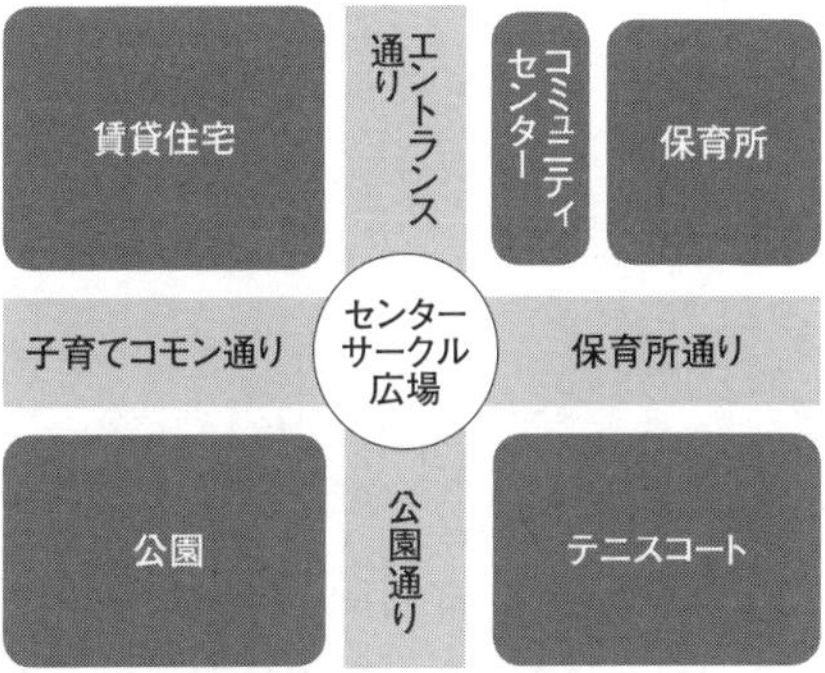

「舟橋村子育て共助のまちづくりマスタープラン」より作成。

しかも、この事業は価格競争では入札を行なわない。プロポーザル方式を採用し、人と人とをむすびつけるという目的を実現するための具体的なコンセプトを提示し、魅力的な提案を行なった業者を選定できるようにした。

このプロジェクトを評価するうえで重要なポイントがふたつある。

ひとつ目は、プロジェクトに先立ち、子育て世代のニーズがどこにあるのか、徹底的なアンケート調査、ヒアリング調査を行なったことである。

たとえば、サービス付き賃貸住宅については、「近所にママ友がおらず、交流する場をつくってほしい」「地域で子育てできる環境は理想」といった生の声が寄せられ、子育て支援サービスのついた住宅に住んでみたいと感じる人が全体の七六％に達することがわかった。また、家賃への上乗せ額は最大でも五〇〇〇円までだということも明らかになった。行政が独りよがりになることなく、住民のニーズに寄り添おうとする姿勢は、施策への共感と同時に、行政への信頼感につながっていくという意味で重要である。

もうひとつは、業者とのあいだに勉強の機会を設け、行政の思いを業者にていねいに伝え続けたことがあげられる。

認定こども園を受託した富山ＹＭＣＡは、子どもから大人まで生涯学べる機会を提供するために活動してきた経験をもち、スムーズに舟橋村の要望、意図を理解した。

だが、公共投資への依存が強く、価格競争にさらされ続けてきた建設業や造園業者には、なかなか「価格だけではなく企画の内容を重視する」という行政の意図が伝わらなかった。

そこで、役場は、公園についての業者えらびを終えたのち、造園関連団体、富山大学とのあいだで覚書を締結し、マスタープランの意図を伝える勉強会を重ねた。

また、子育て賃貸住宅についても業者えらびにかなりの苦労があった。

いったん、業者は決まった。そして一年間、打ち合わせをつづけたのだが、行政側の意図が十分に伝わらずに契約を解除するという事件が起きた。その後、ここでもハウスメーカーや金融機関、在京企業との間で勉強会が重ねられ、ようやく、業者の選定にたどりつくことができた。

そもそも、このモデルエリア事業は、ただの公共投資ではない。

ＩＣＴをつうじた子育て支援、行動ログ等のデータの収集・活用、住みかえ支援、公園を使いこなすためのイベント企画など、住民ニーズに寄り添いながら、包括的に事業は展開されている。行政の理念と業者の収益をバランスさせつつ、つながりを生みだしていくための地道な努力が続けられているのである。

一点だけ、急いで付け加えておきたい。高齢化に直面しつつも、地域のなかに居場所を見つけられない「新住民」への対応も喫緊の課題として議論が進められている。

役場の職員である吉田昭博さんは、「高齢者は退職して一〇年くらいしないとコミュニティに参加できない人が多い」と語る。

そこで、ケア・ウィル（自分らしく生きられる暮らしに向けた意志）塾をひらき、行政と住民が一体となって、「人生を生き切る」ための行動計画、生活プランを考えている。積極的に参加する人、迷いながら参加する人、それぞれであるが、行政が背中を押しながら、「終活」にむけた住民の対話がつづけられている。

なぜ舟橋村は「寛大」なのか

このように見てくると、舟橋村では、小さな村ゆえの効率性、あえていえば「効率的な民主主義」が実現されていることに気づく。

たとえば、駅の改修、図書館の設置にむけて集中的な投資が行なわれたことを思いだしてほしい。これほどの大規模投資への合意形成は、村長のリーダーシップや顔の見える関係がなければ、なかなか容易ではなかったのではないだろうか。

あるいは、頻繁に行なわれてきたアンケート調査を大学との協働で統計的に解析したこともそうだ。この調査の結果、「新住民」がお互いに支え合う、互酬的な関係を求める一方、「新・新住民」の場合、子育てなどのニーズを直接満たし、さまざまなイベントにかかわる機会をつくることが大切だとわかった。

ある訪問調査では、村にあるおよそ九〇〇世帯のなかで、未就学児童のいる世帯のうち、一三〇世帯に直接聞き取りを行なったという。そして、延長保育、医療費無償化、施設整備、子どもを持つ親どうしのネットワーク、地域の見守りといったニーズがここでも把握された。ニーズの把握は、行政への信頼を強め、民主主義の土台をゆるぎないものにする。

さらに興味深いのは、村のなかのニーズ把握だけではなく、村をこえた人びとの利益をも大事にしている点だ。

これは「富山のため、子どものためにひと肌脱ぐ」という富山の風土とも関係している。たとえば、図書館や駐車場は村外の利用者にも開放されている。造園業者との勉強会では、村内に造園業者がなかったこともあり、村外の業者を相手に実施されたし、ハウスメーカーや銀行との勉強会もしかりである。

最近まで役場内に設けられていた子育て支援センター「ぶらんこ」にいたっては、利用者の八割以上が村外の人たちだという。もちろん村のお金を村外に使っていいのかという批判はある。だが、村の外の人たちが舟橋を訪れ、「舟橋村っていいね」といったとき、子育てにめぐまれた村であることを住民は実感するという。

なぜ舟橋村はこれほど「寛大」なのか。吉田さんはいう。

「いまは人口が増えていても、全体では人が減るんだから、このまま舟橋村が生き残れるわけがないですよ。ベッドタウンとして生きていく以上は、富山全体が元気でなければだめです。私たちだって広域行政では富山市にお世話になる部分もある。お互い様です」

県のために村が「ひと肌脱ぐ」。普通では考えられない発想だ。吉田さんは続ける。

「共助といっても押しつけや強制ではもちません。日本の最大の問題は出生率でしょう。いかに外から人を呼んできて、安心して暮らしていってもらえるか。そう。地域の助けあいや安心感をサービス化、あえていえば商品化し、ビジネスモデル化したいんです」

助けあいと安心感を商品に

僕は「商品化」という言葉を聞いて、正直、身構えた。財政健全化を至上命令とし、行政に市場原理を導入することで、いったいどれだけサービスの質の低下がおきたことか。

しかし、舟橋村では、役場全体が明確なビジョンを持っている。そして、たとえ業者が決まったとしても、そのあとも粘り強く対話をつづけ、場合によっては、契約の解除さえもおそれなかった。行政がまちづくりを先導し、事業をハンドリングする。価格を下げることだけを目的にし、あとは事業者に任せきりという「商品化」とは明らかにちがう。

そこでハッと気づいた。舟橋村はこれまでのような福祉や教育などの「サービス・プロバイダー」から、共助、助けあいの「プラットフォーム・ビルダー」へと姿を変えようとしているのではないだろうか。

公共投資ひとつとってもそうだ。それはたんにモノをつくるだけではなく、彼らは公共投資を土台に人間と人間のむすびつきをつくろうとしている。

それだけではない。「官対民」という二項対立ではなく、行政のサービスを民間事業者から見ても価値のある投資対象に変えようとしている。また、村内の「共」をつくりだすことで、長期的に見た行政コストを下げるという視点も加わっている。

いわば、住民ニーズをみたすために社会資源を総動員する、「公・共・私のベストミックス」を模索するための闘いがつづけられているのである。

こうした動きは、共生を重視し、みんなのため、子どものためなら「ひと肌脱ぐ」こともいとわない、そんな「富山らしさ」の新しい表現のようにみえる。コミュニティに任せる・丸投げするではなく、関係をつくる、という視点への転換だ。

もちろん、コミュニティや地域のつながりの強い地域では、どうしてもメンバーに対する同調圧力が生まれがちだ。富山では家族のつながりを大事にする。第一章でも見たように、富山でもそうした圧力が少なからず存在する。

だが、生き残りをかけて闘う舟橋村はこうした壁も越えようとしている。合言葉は「ゆるやかな助けあい」だ。

いま、舟橋村では民生委員をサポートする町内会のメンバーを募っている。カッチリした制度ではなく、できる範囲で地域活動にかかわりたい人たちが参加できる受け皿をつくる。そしてそのサポートメンバーが有機的にむすびつくようなネットワークの基礎を行政がととのえ、民生委員の負担を軽減するという発想だ。助けあいにも「重層性」があっていい。

地域の「ゆるやかな助けあい」のために——ここでも「プラットフォーム・ビルダー」としての舟橋村の確かなあゆみを見て取ることができる。

消えてたまるか！

もうひとつの事例、朝日町の笹川地区に舞台はうつる。

朝日町は富山県のもっとも東側に位置する人口約一万二〇〇〇人の町である。日本創成会議の人口減少問題検討分科会が発表した「消滅可能性」のある八九六自治体のひとつにも選ばれた、人口減に苦しむ町だ。

地域おこし、定住・半定住の促進は、待ったなしの課題だ。そのなかでも周囲から隔絶された感のある山間集落である笹川地区の取り組みを見ていこう。

僕がはじめて笹川地区を知ったのは、県の会議で提出された資料をつうじてだった。二〇〇三年には四一一人だった人口が、一四年にはわずか二九七人にまで減少していた。

ところがデータを調べてみると、移住者の数が二〇〇三〜〇七年は一九人、〇八〜一二年は三〇人だったのに対し、一三年にはわずか一年で一二人増え、一四年も一〇人と移住者の数は順調に増えていた。そのなかには外国人の移住者も含まれていた。

そのひとつのはずみとなったのは、二〇一三年に県の「定住・半定住受入れモデル地域育成支援事業」に選定されたことだったと思われる。

笹川地区では、国の支援を受けて、ワサビや山菜などの六次産業化を進めつつあった。これをベースに、空き家の発掘・提供サービスを軌道にのせ、農業や農産物加工・販売を実践する人たちを呼びこむことをめざして、県のモデル地域に指定されたのだ。

これに呼応するように、自治会の振興会長に選ばれた小林茂和さんが中心となって、「かがやきプロジェクト実行委員会」が立ち上げられた。

委員会には「暮らしの安全・安心推進チーム」「住まいの提供推進チーム」「就労支援推進チーム」といった具合に、全部で八つの分科会が立ちあげられ、それぞれにチームリーダーや副リーダー、支援者、アドバイザーの役割があてられた。これらの取り組みは地域の財界にも高く評価され、新川地域発展賞を受賞している。

また、国と県からの補助を受け、一九四三年築の古民家を改修し、「さゝ郷　ほたる交流館」が開設された。

これは、定住・半定住を促進し、地域を活性化することをねらった交流体験拠点施設だ。二〇一五年六月には、当時の石破茂地方創生担当大臣が訪れたことからもわかるように、内外から高い評価を受けるに十分値する、おもむきのある立派な施設である。

人事交流のため、北日本新聞社から派遣された記者、浜松聖樹さんが公刊した『消えてたまるか！朝日町』という著作がある。笹川地区の人たちは、まさにこの精神で、懸命に地域おこしに取り組んでいたのだった。

「一村一家」

ただ、読者の方は、すでにお気づきかもしれない。じつは以上の物語は、ひとつのフィクションという面がある。

笹川地区が国からの補助を受けるようになったのは、二〇一三年度からだ。そして、県のモデル事業に選ばれたのが同じ年度の後半のことである。だが、定住人口はすでにこの年に大きく伸びている。

それ以前に、子育て世代が一世帯転入してくると、それだけで四～五人の人口増につながる。そのなかでも血のつながりを理由に転入してくる世帯も少なくない。

このように考えると、どこまで県のモデル地域指定や笹川地区の取り組みが人口増につながったのかよくわからないところがある。実際、二〇一五年には七人、翌年には三人へと移住者の数は減少している。

気をつけてほしい。笹川地区の取り組みがうまくいっていないといいたいのではない。人口がわずか三〇〇人に満たない地区にあって、毎年七~八人の移住者があることはとても意味のあることだ。実際、移住者が増えたことで、高齢化率がグンと下がるという現象まで起きている。

いまの自治振興会長の竹内寿美さんは、前会長の卓越したリーダーシップと惜しみない努力を賞賛しながらこう述べた。

「八つの分科会を回すといっても、みなさん、それぞれに仕事を持ち、働きながら役割を果たさなければなりません。最初の一年は我慢できても、次第にみんながしんどくなってきた。そのことは認めざるをえないかもしれません」

笹川地区はかつて「一村一家」と呼ばれていた。村全体が家族のような関係のなかで、日々の暮らしを成り立たせてきたという意味だ。小林前会長も、県のホームページで移住者に「『よそ者』ではなく『家族』になってほしい」と呼びかけた。いかにも富山らしい訴えである。

だが、草刈りや季節の行事、集落の会合などにしっかり参加することが、受け入れの条件だといわれたとき、多くの移住者はそれを重苦しく感じるかもしれない。ここに笹川地区だけでなく、「家族」のようなつながりを大事にする富山社会に共通の悩みがある。

「執着しない家族」という気づき

竹内さんのこの言葉はとても印象的だった。

「私も家族が大事だと思います。ただ、認めあい、尊敬しあい、信頼しあえる家族。何かを押しつけるのではない。なんというかな……そう、『執着しない家族』のような新しい関係が必要なのかもしれません」

最近、笹川地区の人たちを悩ませるできごとがあった。水道施設の老朽化が進み、その改修に一億数千万円の資金が必要だとわかったのだ。竹内さんをはじめ、地域の住民は頭を抱え込んだ。わずか住民三〇〇人の地区でこの金額はとてもではないが払いきれない。

ところが、仙台市に本社をかまえる土建業の深松組が五億円の予算をかけて、小水力発電事業に乗り出すことを発表した。

笹川地区にはその名の通り、笹川という川が流れている。これを用いて電力を起こし、北陸電力に売電することで、老朽化した水道の更新費用にあてることとしたのだ。竹内さんは嬉しさのあまり地区にある諏訪神社にお礼を言いに行ったという。

なぜこのような「神対応」を深松組は見せたのか。理由は簡単だ。深松組の創業者が笹川地区で事業を起こしたという歴史的な経緯があったからだ。

何十年という時をこえる、「一村一家」とさえ呼ばれるような、家族のような親密な関係があるからこそ、笹川地区は存亡の危機を乗りこえられた。

だが、そうした関係が行き過ぎてしまうと、移住者を遠のけ、むしろ「消滅」の危機を招き寄せてしまうかもしれない。ここに「家族」的な社会のむつかしさがある。

笹川地区の年間行事を見てみよう。町内会の会合が年に五～六回、また、年に二回、獣害対策のための施設のまわりの草刈りがある。八月の秋祭り、一〇月の体育祭、一一月の文化祭、そして元旦の祝賀会といった行事もある。

竹内さんも「もちろんこれらの会合にできるだけ来てほしい」という。だが、「それが押しつけになってしまえば、きっと若い人はここから出ていってしまう」と案じている。まさにこのふたつの感情のせめぎあいのなかで地域おこしは進められている。

国や県が補助を準備する。力のある市町村の職員、あるいは地域のリーダーが見栄えのよい、役所好みの申請資料を作成する。国や県にそれらを精査する余裕はない。その見栄えの良さや好みで補助をつける。ある程度の結果がでると、その事業は国の優良モデルに指定され、村や町に大臣や政治家が視察に訪れ、もてはやされる。

たしかにこのことで一時的には地域は活性化するだろう。だが、ブームがすぎれば、平凡だが、終わりのないルーティンが住民を待ちかまえている。

笹川地区の人たちもその葛藤のなかでもがき苦しんでいるようにみえた。だが、これは笹川地区や富山県の失敗ではない。この国全体で起きている構造的な問題だ。

富山の人が大事にする「家族」。その「家族」には良い面と窮屈な面とがある。笹川地区の人たちもそのはざまで苦しんでいる。もちろん、自分たちの大切にする価値を否定する必要はない。だが、一日中べったり一緒にいる「家族」が存在しないこともまた事実だ。しゃかりきになるのではなく、いい意味で肩の力が抜けた笹川地区には、希望の光が差している。「執着しない家族」という気づきがそこにはあった。そして、新しい「家族のような地域」のスタイルを自分たち自身で作りあげていくという思い、地区のよさを語るときの輝く瞳、そして、消えてたまるかという不屈の精神がそこにはあった。

本当のモデルは、一〇年、二〇年と時を費やし、おのおのの地域にある葛藤を乗りこえようと努力しつづけるということ、それ自身なのかもしれない。

ノラネコ公務員？

地域の必死のまちづくり、そして、そのプロセスでの葛藤にたいして、行政は見て見ぬふりをしているわけではない。むしろ反対だ。朝日町でもあらたな体制がととのえられた。

朝日町では二〇一七年の四月に地域振興課が新設された。おもしろいのは、この地域振興課のメンバーの構成である。

職員が四人、嘱託職員が一人、地域おこし協力隊が五人という構成で、朝日町の出身者はこのなかに三人しかいない。ちなみに一〇人という数は県内の自治体で最大だという。

嘱託で移住定住相談員を務める善田洋一郎さんも「よそ者」のひとりだ。

当初、善田さんは新川森林組合で働いており、朝日町再生会議の委員の任にあった。地域に頼られる役割をしたい——そう感じた善田さんは、三人目の子どもが生まれたにもかかわらず、森林組合を辞め、非常勤の嘱託職員を引き受ける決断をした。

善田さんの仕事は、移住を希望する人たちに朝日町のさまざまな情報を提供し、また、「よそ者」に心配の気持ちをもつ住民にも情報を提供することで、お互いをブリッジングしていくことだ。また、空き家対策の仕事も引き受けている。

「本当にゼロベースからの出発だったんですよ。笹原靖直町長のパーソナリティ、そして強い危機意識が僕たちに自由な仕事を許してくれています」

善田さんはこう語った。善田さんはあまり役所にいない。地域内をあちこち回りながら、新しい人間関係を発掘していくことが仕事だ。

僕はそのとき、とっさに「ノラネコ公務員」という言葉を思いだした。これは日本都市センターの石川義憲研究室長に教えてもらった言葉だ。

本来、公務員ほどいろんな業界の人たちとかかわりを持つ職業はない。そうであれば、庁舎に引きこもるのではなく、ノラネコのようにあちこちを回りながら、人間と人間、ビジネスとビジネスをつないでいく、そんな役割を果たす公務員がいてもいいはずだ。

「あいつに頼めば町の人たちはだいたいつながる」――仕事の性格上、正規雇用にこだわる必要はないし、非常勤の嘱託でもかまわない。ただ、理屈ではわかっていても、そんなことが可能かと思ったものだが、まさにその理想を体現する「ノラネコ公務員」が朝日町にいたのだ。

移住者にたいして通りいっぺんの情報を提供してもしかたがない。そんなうわべの言葉で人間が住んでくれるはずもない。朝日町の良いところ、面倒くさいところ、すべてを伝えて、安心して移住してもらいたい、そう考える善田さんは街中をくまなく歩きながら、蜘蛛《くも》の巣のように人と情報のネットワークをつくっていく。

あまりに自由な仕事ぶりを見て、他の職員から嫉妬されることはないのか、と心配になった。地域振興課主事の猪又聡太さんは笑顔でこういった。

「地域振興課はメンバー構成から見てもわかるように、町長の思いのつまった非常に特殊な課なんです。だから、遊んでいるように見えるという批判がないわけではないけど、みんな『あの課はそういう課だから』という見かたをしてくれます」

「そんなことより、人口減少に苦しむ僕たちには、ある種の劣等感のようなものがある。だから、朝日町をおもしろがって外から来てくれる人たちが何人もいることは、本当に励みになっているんです」

危機だからこそ助けあう

笹川地区の竹内さんは僕にこう語った。

「私たちが直面しているのは、地区がなくなるかもしれないという危機です。危機が身近に迫ってくるとプライドを超えちゃうんですよ。多少の我慢をしてもみんなで一緒にやっていこう、自然とそう思えるんです」

思えば、舟橋村でもそうだった。

なぜ、大手メーカーや村外の造園業者が舟橋村のような小さな村役場の人たちと勉強会を重ねようと考えたのか。

理由は簡単だ。「ムダ」のレッテルを貼られ、ピーク時にくらべると半減した公共投資、財政難を理由に次々と委託費を切り下げられる指定管理者制度、これらに「負《お》んぶに抱っこ」のままでは、企業経営が成り立たなくなるという危機感が彼らにもあったからだ。事業者もまた「助けあいや安心感を商品に」という、舟橋村の示したあらたなビジネスモデルに希望を感じたのだ。

「消滅可能性都市」の言葉が広く社会に知られるようになったのは、二〇一四年のことだった。だが、笹川地区はもちろん、人口が増えている舟橋村でさえ、そんな言葉が生まれるずっと前から、生存の危機、生活の危機におびえながら、もがき苦しんできた。

その危機意識は、とうとう、地域のなかの対立の構図や伝統的な家族主義のあり方、さらにはよそ者を拒みつづけてきた地域の雰囲気までつくりかえようとする、そんなモチベーションにつながりはじめている。

日本創成会議の分科会が発表したシミュレーションには「統計的にずさんだ」という批判があちこちから寄せられた。

だが、最大の失敗は、こうした人間のふるさとを守り抜こうとする情熱、しぶとさのようなものを見落としていた点にあるのではないだろうか。ここに経済分析の限界を見てとることはたやすい。

消滅可能性が叫ばれ、それに背中を押されるように国や自治体が補助金をだしていった。それが救いとなった自治体だって皆無ではないだろう。

だが、笹川地区のみなさんもしんどかったように、パターナリスティックな、上からの支援は必ずしも持続可能性をもたないことはもはや自明のことだ。そのお金を使いこなす人、そして人と人との関係、それらをどのように再構築するかがいま問われている。

住民と住民とが危機感を共有する。そして、自ら立ち上がろうとする人たちが、ときには地域の風習を変え、よそ者の支援を受けてでも助けあう。

行政も、たんにお金を出すだけではなく、そうした「共の再生」のためのプラットフォームづくりに知恵をしぼる。人口減少の危機の時代は、まさに歴史的に作り上げられてきた「関係のあり方」そのものを問い返す時代をさしている。そして、そのことは「富山社会のあり方」をも根底からゆるがそうとしている。

終章　富山から透視する「歴史を動かす地域の力」

「なーん、そんなことないちゃ」

僕はこの一〇年のあいだ、富山に、何度も、何度も、調査に出かけた。そのたびに出会ったひとつのフレーズがある。それは、「当たり前すぎて気づかない」という言葉だ。豊かな自然、美味しい食事、住みやすさ、働きやすい社会——これらをほめると「なーん、そんなことないちゃ（ぜんぜんそんなことないですよ）」という言葉が返ってくる。そして、いろんなデータを示し、富山がいかに個性的かということを伝えると、みんな目を丸くして「当たり前すぎて気づかんがですかねぇ」と首をかしげる。

県外への移動を好まない人たち、ふるさとに生まれ、育ち、そこで生きていく大勢の人たちにとって、富山の「ゆたかさ」はあまりにも当たり前すぎて、ことさらに取りあげるほどのことではないのかもしれない。

ふるさとに愛着心をもち、自慢することが少ない富山の人たちのメンタリティは、おそらく、他との比較の機会にめぐまれない暮らし、好き嫌いの問題ではなく、気楽で落ち着くふつうの暮らし、そんな日常のなかで育まれているのかもしれない。

しかし、「当たり前すぎて気づかない」というのは、ある種の思考停止状態でもある。

そして、この思考停止は日本全体を覆い尽くしているように思う。

　僕も含めたリベラルは、スウェーデンをはじめとする北欧の国々に目を向ける。そして、それらの国々を理想の国、約束の地として描こうとする。

だが、歴史も、国民性も、自然や風土も異なる国のしくみをいくら真似《まね》しようとしても簡単にはうまくいきそうもない。それは、はじめにも述べたように、グローバルスタンダードのかけ声のもと、散々アメリカのモノマネをしてきた僕たちがアメリカ人になれなかったのと同じだ。

　リベラルの議論がどうしてもうわすべりな感じがしてしかたないのは、日本社会の根底にある土台、風土や慣習のようなものと、そのうえに据えられる政策とがうまく嚙《か》みあっていないからではないか、僕はずっとそう思ってきた。

「保守リベラル」「リベラル保守」という用語が人口に膾炙《かいしゃ》するようになって久しい。

だが、そうしたレトリックの問題ではないのだ。保守的な社会の土台を見つめ、その何が機能不全となり、何が生き残っているのかを見きわめる。そしてその土台にしっかりと根を張れるような、まさに地に足の着いた政策をリベラルは考える責任がある。

そんな問題意識をもっていた僕が、保守的な性格の社会のうえに、リベラルな人たちが大喜びするような経済的、社会的循環を生みだしていた富山と出会った。論壇、そして政治をにぎわせるリベラルと保守の再構築という問題に、ひとつの具体的な根拠を与えてくれるのではないか。そんな気づきから一〇年以上のときが経った。

「富山らしさ」をどう評価するか

僕はこの本のなかで何度も「富山らしさ」という表現を使った。この「富山らしさ」についてあらためて整理をしておこう。

富山型デイサービスを思いだしてほしい。富山型デイの本質は、子ども、障がい者、お年寄りがひとつの家で「家族」のようにサービスを受けるという点にあった。

これを「年齢のちがいや障がいの有無で人間のあつかいを変えない」という視点から解釈すれば、社会民主主義的、あるいは普遍主義的な方向性に近い。

だが、富山型デイの事業者を調べてみると、最近こそ男性の事業者が増えてきたものの、女性事業者の割合のほうが明らかに大きい。とくに惣万さんのようなフロンティアに光をあてたとき、自らの私財を投げ打って女性たちが富山型デイを牽引《けんいん》した過去に気づく。

つまり、家のなかで子どもやお年寄り、そしてもちろん、その人たちに障がいがあろうとなかろうと、彼ら／彼女らの面倒を見るのは女性の仕事だ、それは社会的な仕事ではなく、個人の善意、あるいは性別による社会的責任にもとづいた仕事なのだというふうに理解すれば、明らかな保守主義、家父長的な家族主義という正反対の評価になる。

「あしたねの森」も、どのようにつかまえればよいのか、悩ましい。

学童と放課後等デイサービスを同じフロアに設置し、保育施設と高齢者施設が同じ敷地内に設置されている。たしかに、こうしたモデルは、人間の垣根をとっぱらい、人間のあつかいを等しくしようとするという点で普遍主義的だ。

いや、それ以前に、障がいをもつ子どもたちとそうでない子どもたちを等しく扱おうとする姿勢は、徹頭徹尾貫かれており、思想の問題をこえる感動を僕たちに与えてくれる。

だが、ここでもまた、富山型デイと同様、「あしたねの森」の職員さんの話のなかで何度も登場したのが「家族」という言葉だった。

保育園や学童に子どもたちがくる。そうすれば、障がいのある子とない子、小学生と保育園児、そして子どもたちと高齢者がふれあうことができる。子どもたちは日常の生活のなかで、小さな子どもたちとはどんな存在か、歳を取るとは、障がいをもつとはどういうことなのかを学ぶことができる。人間はいろんな人に支えられて生きていることを知る。

素晴らしい視点だ。ただ、うがった見かたをすれば、これは三世代同居のなかでの学びにまず価値の重きがおかれ、同居が減り始めている富山の都市部にあって、三世代同居での学びを社会化・再生産しようとしているというふうに見ることができる。そもそも三世代同居の家庭の子どもたちは学童には来ないのだから。

北欧は、その点、対照的だ。

親と子は基本的に同居せず、各家庭、各個人が自立している。高齢者は介護される権利を、その子どもたちは親を介護する権利をもつ。そして、子は親に頻繁に会いに行き、かつ介護する際に休職すれば所得さえ補償される。日本の介護との状況、あるいは「あしたねの森」が前提とする社会とのちがいは明らかだ。

まずしさが育んだ「共在感」

一方、射水市や舟橋村、朝日町笹川地区の場合、一見すると、むしろ社会民主主義や普遍主義、リベラルとは正反対の、パターナリスティックな、上からの統合という富山のネガティブな面が浮かびあがるように思われる。

だが、ここでも話はそう単純ではない。

世界大恐慌前後の時期のスウェーデンをもう一度思いだしてほしい。

一九世紀末のスウェーデンはまずしい農業国だった。また、一八八〇年代から出生率の低下がはじまり、一九三〇年代にはヨーロッパで最低レベルの出生率におちいっていた。さらに、三二年には、失業率が二五％を超えるというまさに社会の危機に直面していた。

スウェーデン型の社会民主主義へのあゆみはこの危機のなかからはじまった。まさに生存や生活の不安が社会の全体で共有されたことこそ、スウェーデン型の社会民主主義が産声をあげる前提だったのである。

この点は、富山も同じだ。第二章で見たように、富山の歴史は、まずしさとの闘いの連続だった。

繰り返し起きた河川の氾濫は、家族の命を、生存の糧を、穏やかな暮らしを一瞬でうばいさった。そして、自然や宗教的なものへの畏敬の念が育まれ、富山人の心には、己の、そして人間の無力さのようなものが刻みこまれた。

長くつづいたまずしさとの闘いは、自分たちが生き延びるために他者と助けあう文化を生みだした。家族や地域を大切にし、調和を重んじて自己主張をつつしむ県民性は、この闘いの歴史と表裏一体の現象だったのではないだろうか。

「共在感」という言葉がある。井上達夫は前掲『他者への自由』でこう語っている。

人間は共通の人間的な限界、共通の人間的悲惨にさらされ、共通の人間悲劇に巻き込まれているとき、みな無力であり、他者に依存せざるをえない存在となる。

長い歴史をつうじて、僕たちが共通して経験し、共通してたくわえてきたこの感覚、己の、人間の無力感をよりどころとしながら、「自分たちは共にあるのだ」と確信できることの感覚を「共在感」という。

富山の歴史はまさにこの「共在感」を育む歴史だった。命や暮らしの危機、きびしい自然やまずしさとの闘い、そこから生まれ、育まれてきたのが「共在感」だった。

「子どものため、県のため、みんなのため」といえば、多くの人が「じゃあひと肌脱ぐか」と考える社会は、こうした歴史的に形づくられた「共在感」があってはじめて、成り立ちえたということができるだろう。

「家族のように助けあう」の意味

ただし、それは、日本人としての「共在感」ではなく、閉じられたコミュニティ、生活空間のなかで形成された「共在感」であり、せいぜい広くとらえても「県民性」の範囲にとどまるそれだったという点は重要である。

だからこそ、他者と助けあう、他者に依存するというときに、それはナショナルなレベルでの連帯ではなく、コミュニティの存在を前提としたその内側での連帯となってあらわれた。ここに社会民主主義と保守主義、共同体主義の重要な分かれ道があった。

歴史の分かれ道という意味では、一九三〇年代は興味深い歴史の分岐を示している。

一方では、家族の原理を普遍主義的な、社会民主主義的な方向へとつなげていったスウエーデンがある。序章でもふれたように、スウェーデンの社会民主主義の父、P・A・ハンソンは「国民の家」という演説を行ない、「家の基礎は、共同と連帯である」と人びとに訴えた。家や家族を重んじる点では富山社会と何ら変わりはない。

他方で、家父長制的な、パターナリスティックな家族のイデオロギーに即して、社会を編成した国がある。それは全体主義を経験した日本だ。丸山眞男がするどく見抜いていたように、全体主義の土台にはコミュニティがあり、そのなかの閉鎖性、同調圧力は、たしかに全体主義の重要な基盤だった（丸山眞男『新装版　現代政治の思想と行動』）。

ようは、いかなるかたちで現象化するかのちがいはあれども、社会が危機に直面したとき、人びとは「家族のように」助けあうことを志向するということである。

だとすれば、「家族」の価値を訴えることそれじたいが問題なのではなく、どのような「家族」を想定し、社会を構想するのかがきわめて重要だということになる。

翻って、射水市や舟橋村、そして笹川地区が「いま」直面しつつあるのはいったいどういう状況なのか。

それは、人びとの生存や生活を支えてきた互酬的な関係、いやコミュニティそれ自身が

「存立の危機」にさらされるという意味での深く、困難な危機である。

保守的なものから生まれる社会化、普遍化の波

もはや、この危機は、コミュニティの連帯や助けあいでは克服できない。だからこそ、よそ者を受け入れ、家族や地域のもつお仕着せがましさをつくりかえ、教育の枠をはみだして家族と過ごすことの重要性を地域が訴える動きが起きる。

さらには「サービス・プロバイダー」から脱皮し、人間どうしの横のつながりをつくる「プラットフォーム・ビルダー」へと変貌を遂げようとする行政の姿、薄れゆく家族のようなつながりを再生する試みも観察された。

このように理解したとき、これらの自治体、地域の取り組みを保守的だ、家族主義的だと批判することにどういう意味があるのだろうか。

あるいは「このゆびとーまれ」や「あしたねの森」の取り組みもあわせて考えてみれば、さらに視野は広がる。

それは、富山の歴史的な伝統、価値観に寄り添いながら、新しい価値を創造し、さらに

コミュニティで提供してきたさまざまなサービスを社会化、普遍化しようとしている動きではないのか、ということだ。現実に起きているのは、保守か、革新か、ではない。保守的なものの内側からリベラルの重視する社会化、普遍化へのうねりが起きているのだ。

じつは、「約束の地」スウェーデンでも、少なくとも一九六〇年代半ばまでは、伝統的な男女の性差にもとづく家族観が社会の主流をなしていたという（篠田武司「スウェーデンにみる『ワーク・ライフ・バランス』」）。

あるいは、ハンソンが登場する以前のスウェーデンには「国民の家」という言葉がすでにあり、それは「保守的政治家が全体主義的な意味あい」で使用する言葉だったという。ハンソンはむしろそこを逆手にとり、社会主義との違いを鮮明にするために意図的にこの言葉を選んだ（木下淑恵「P・A・ハンソンと『国民の家』」）。

つまり、スウェーデン自身も、自分たちの保守的な価値のなかから新しい価値を生みだし、保守的な思想とリベラルな思想とのせめぎあいを経て、いまのスウェーデン型社会民主主義をつくりあげてきたわけである。リベラルが「保守的だと思ってきたもの」を「保守的だ」と批判することにとどまるとすれば、彼らの欲する社会変革は永遠に実現不可能のまま終わってしまうだろう。

富山は「勤労国家」から脱却できるか

スウェーデン、日本、そして富山に共通する大きなポイントがある。それは、いずれの国も「働くこと」を軸に社会をつくりあげてきたことだ。

だが、国外への人口流出と出生率の低下によって生みだされた歴史的な人口減少に直面したスウェーデンでは、社会全体を家族のように編成する道を選ばざるをえなかった。

だから、ハンソンの率いる社会民主労働党は、肉体労働者のための階級政党ではなく、事務員や店員、現場監督者を含んだ社会の中間層より下位の所得階層を包摂しつつ、さらには農民党をも取り込むかたちで連立政権を実現していったのである。

他方、日本では、藤田省三が指摘したように、明治期には先進国へのキャッチアップの必要性からコミュニティを残して生存・生活面での課題を地域で解決させた一方、国家は富国強兵、すなわち経済と軍事の拡大にエネルギーの大半を注ぎ込んだ（藤田省三『天皇制国家の支配原理』）。

戦後、アジア・太平洋戦争での敗北とともに、人びとは生存と生活の危機に直面した。だが、憲法九条体制のもと、軍事費の削減分を経済成長路線に投じ、生存・生活面でのニーズの多くを家庭のなかの専業主婦、地域のコミュニティ、そして企業をつうじた福利厚生でサポートするという日本型の福祉国家をととのえていった。

スウェーデンでは「すべての働く人びと」が安心して働けるための環境をととのえた。これに対し、日本では、女性を家庭や地域内に押しとどめながら、「働く男性」が稼いだ収入で、生存・生活のためのニーズを自己責任で満たしていく社会が生みだされた。

戦後の財政政策の二本柱は所得減税と公共投資だったこともこれと関係する。

これは、勤労する人びとにたいし、所得の一部を減税で還元し、他方で、公共投資をつうじて地方や低所得層に勤労の機会を提供するという政策のパッケージだった。いわば勤労しなければ生きていけない「勤労国家」を僕たちはつくりだし、政府も「勤労者へのごほうび」と「勤労の機会提供」に邁進《まいしん》してきたのである。

こうした日本の福祉国家の特徴を念頭におくと、富山社会はある意味で、きわめて日本的な社会であったことに気づかされる。

三世代同居は女性が働きにでるための重要な前提条件だった。北欧的に考えれば、政府が女性の就労を可能にするために、保育所や幼稚園を整備すべきだっただろう。だが、家族やコミュニティのつながりがそれを代替した。その象徴が三世代同居だった。

また、富山は、県民一人あたりの公共投資額が全国でもトップクラスだった（「建設工事受注動態統計調査」）。だからこそ、県の財政状況もきびしい状況におかれている。だがそれは、県が借金を背負いこんででも人びとの勤労の機会を保障してきたことの裏返しだった。

問題は、こうした富山社会の土台が大きく揺らぎつつあることだ。二〇代の女性の県外流出が問題となっている。三世代同居を敬遠する若者も増えはじめている。朝日町も含めた多くの自治体で人口減少と高齢化が著しい。

いま、富山社会は、まさに転換点にある。だが、その転換点にあって、富山には貴重な社会資源がある。それこそが「共在感」であり、「家族のように助けあう」という風土だ。

これらの社会資源を基盤としながら、富山型デイサービス、あしたねの森とMUROYA、射水市、舟橋村、朝日町笹川地区といった具合に富山の全体で日々の格闘がはじまっている。

それは地域に生きる人びとだけの闘いではない。縦割りと批判され続けてきた行政さえもが、その垣根を乗りこえようとしている。「共生」の礎をつくるために、自らの姿を変えていこうとしているのだ。

ただし、注意しておきたいこともある。

富山社会はとりわけ、勤労することへの義務意識の強い地域である。あしたねの森で学んだ子どもたちがMUROYAをつうじて、就労へと追い立てられる危険性だってありうるし、射水市の教育がふるさとへの貢献を子どもたちに強制する土台となることだってありうるからだ。

「転換点」とは未来を語るための言葉である。だからこそ、自分たちの取り組みや富山の風土の良さと欠点とを冷静に見つめることがとりわけ求められている。

税で家族の機能を代替する

ところで、これまでの議論を眺めてみて、「つまり保守的な土壌から出発して、これを社会民主主義に、スウェーデン型の社会に作りかえていこうという提案なのか」という疑問がわくかもしれない。

ハッキリいっておきたい。答えはノーだ。そんな単純な話ではない。

僕たちが富山から学んだことのひとつは、「家族の原理」をもとに、人びとが生存・生活していくためのニーズを満たしていくという大きな流れだ。

そのひとつの方法は、たとえば、北欧社会のように、高福祉高負担をめざすという方向性だろう。

財政社会学を提唱したダニエル・ベルは「公共家族(public household)」という概念を示しながら、財政とは人間が人間らしく生きていくための条件をととのえるためにある、と訴えた(ダニエル・ベル『資本主義の文化的矛盾』)。富山社会の志向と相通ずるものがある。

今後、急速に高齢化が進み、介護や医療の負担が急増することが大都市部では懸念されている。だが、たとえば、東京都の予算はスウェーデンの国家予算を超える規模を誇っている。他方、日本の租税や社会保険料の負担率は四三%であり、石油の売却収入のあるノルウェーを除いた北欧では五七~六六%である。

大都市部の財政支出が少子高齢化によってきびしい状況におかれることはそうだとしても、また租税負担率を高める余地は大きく、同時に、人びとの生活保障水準を引きあげる余地もまだまだ残されている。

もちろん、大都市部は、富山のような三世代同居など望むべくもない。地価があまりにも高く、二世帯住宅を建てることはあまりにもコストがかかるからだ。

そうなると、女性の就労をどのように税でサポートしていくかという点に財政の役割は収斂《しゅうれん》していくことになる。

介護サービスの負担を軽減するだけでなく、介護士の増員、介護給付金の拡充などが必要となるだろうし、育児・子育てにかんしても、産休・育休の取得率のさらなる向上、就学前教育、未満児保育の無償化・充実がもとめられることとなる。

以上の意味で、たしかに大都市部では、社会民主主義的な方向性、高福祉高負担をめざしていくことは十分に検討されてよいだろう。

「公・共・私」のベストミックスの時代

だが、たとえば、朝日町のように人口が減少するばかりか、高齢化も著しく、ときには「消滅可能性」までが騒ぎ立てられるような地域にあって、何もかもを税だけでやっていくことがはたして可能だろうか。

現在の仕組みを前提にしていけば、地方交付税をつうじて、財政力の弱い自治体でも、最低水準の、あるいは他の地域と同様の行政サービスが提供できるよう、財源は保障されている。だが、図12を見てほしい。国のきびしい財政状況を反映して、地方交付税じたい、持続可能性が問われかねないような状況が続いている。

地方交付税の総額は、リーマンショック期、東日本大震災期を除いて減額がつづいている。臨時財政対策債という名称のもと、地方の財源不足は借金で補塡されているが、それらを足しあわせても、ピークは二〇一〇年度である。

したがって、小規模の都市部や中山間地域、過疎地域にそこまでの財政的な自立性、あるいは地方交付税へのさらなる依存を期待するのはムリがある。

あるいは、中規模の人口二〇万人前後の都市部でも状況は変わらない。

近年、自治会・町内会への行政の依存は目に見えて強まりつつある。そのなかで、世代

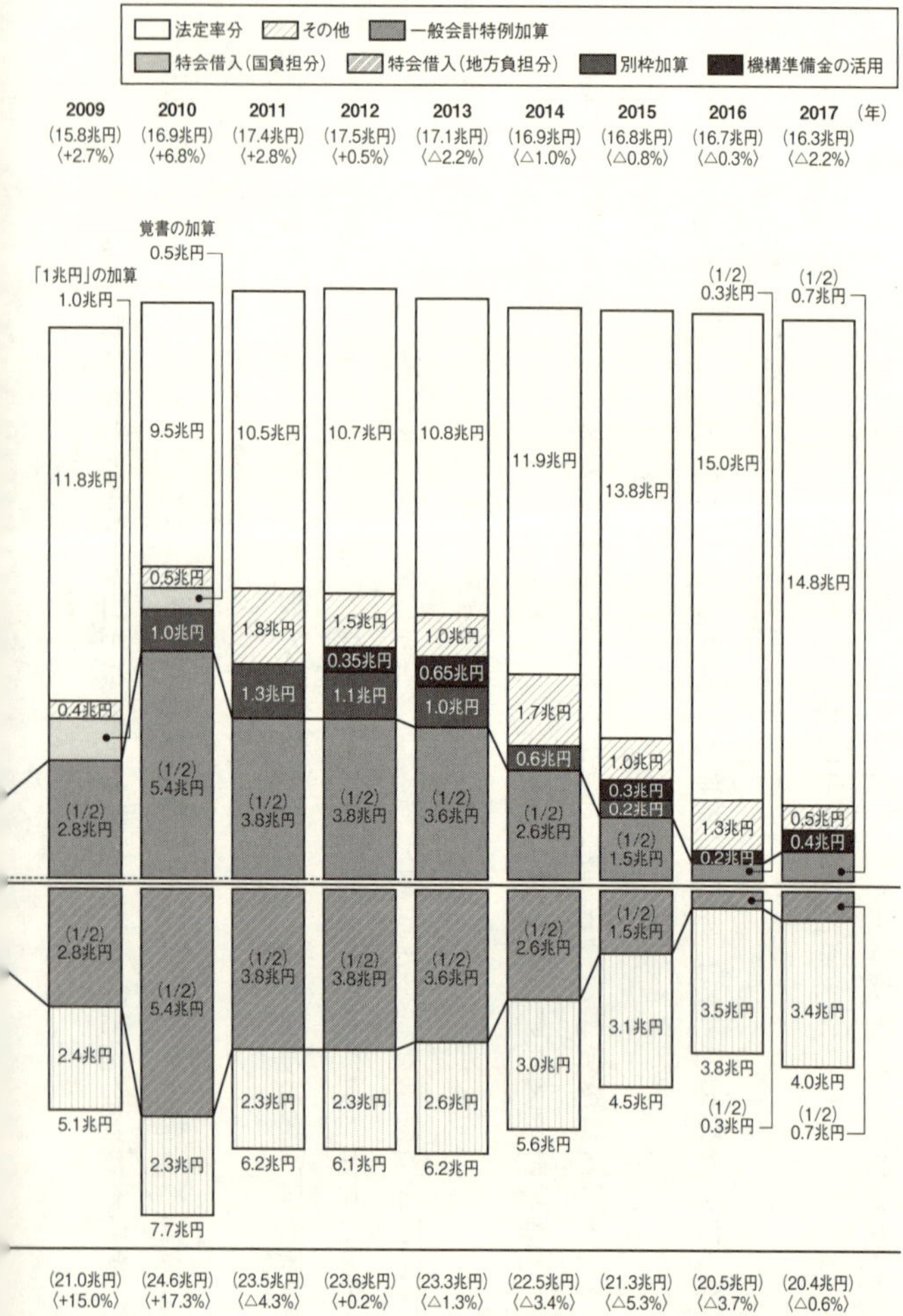

※〈　〉書きは対前年伸率
※表示未満四捨五入の関係で、積み上げと合計が一致しない箇所がある。

図12　地方交付税等総額の推移（2000〜2017年）

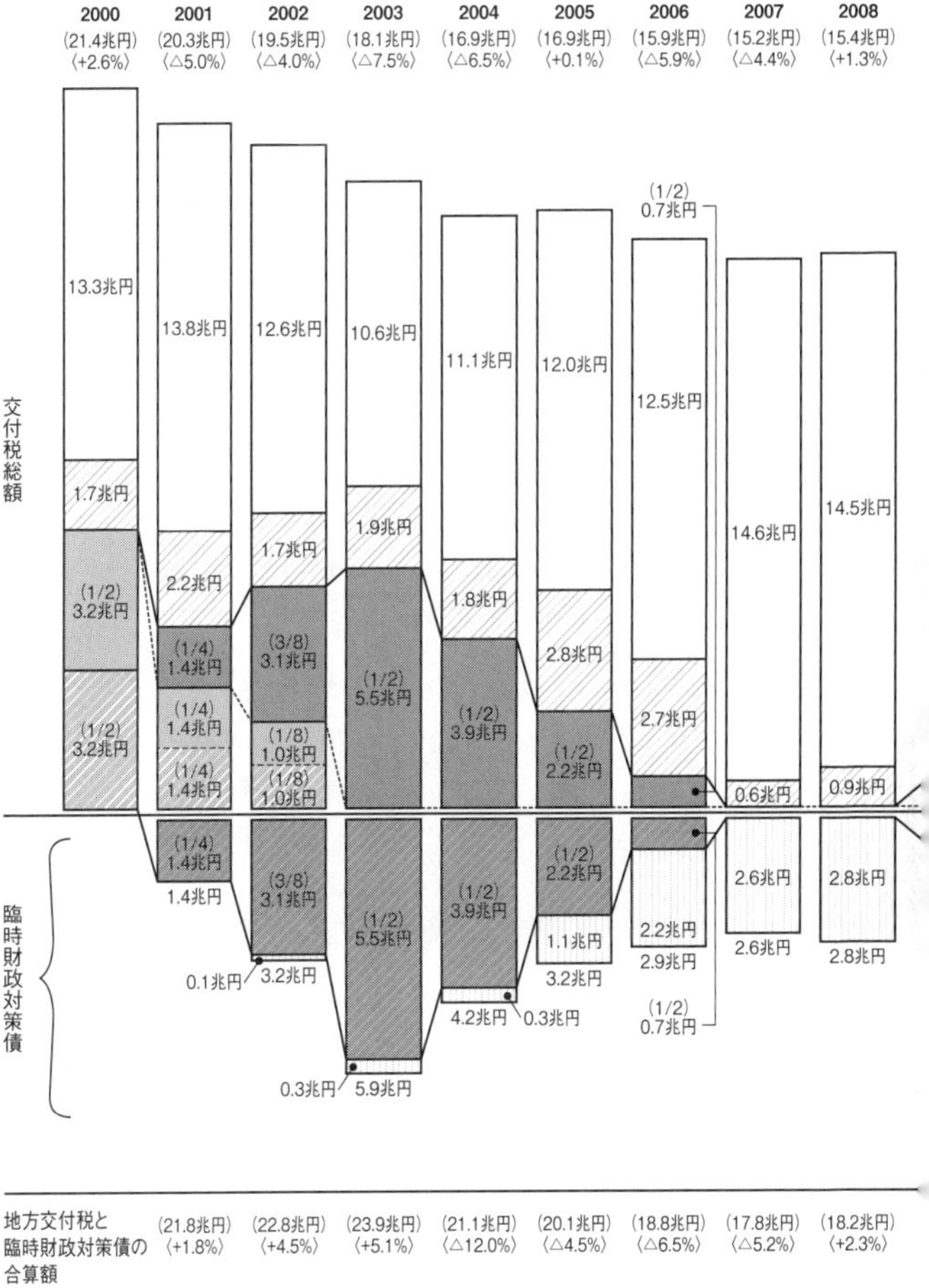

総務省「地方財政関係資料」http://www.soumu.go.jp/main_content/000474604.pdf より作成。

交代が進まず、高齢者へと押しつけられがちな民生委員の負担は日に日に大きくなっている。つまり、都市部でさえ、地域の生存・生活のニーズを満たすことがむつかしくなりつつあるのだ。

その意味で、舟橋村の「子育て共助のまちづくり」が示していた「公・共・私のベストミックス」という方向性がこれからいっそう注目されるようになるだろう。

舟橋村は、行政がリーダーシップを発揮し、民間企業の収益と社会的課題の両立をめざしながら、人びとが「ゆるやかな助けあい」を行なうための土壌づくりに奮闘している。

ここでの「ゆるやかな助けあい」は富山人の大切にする「家族のつながり」の進化版である。それが中長期的に見れば、見回り介護や子育て支援など、行政コストの抑制につながることは自明だ。

あるいは、富山型デイのように、政府の支援を受けずにやってきた民間のサービスがその地域のなかで幅広い支持を受け、次第にそれを行政が補助し、モデル化することで、公的なサービスにおきかえられていくこともありうるだろう。

朝日町笹川地区の場合は、より行政の果たす役割が後退するかもしれない。

だが、それを補うように、地域おこし協力隊や「ノラネコ公務員」のようなよそ者が地域に入り込み、さらには、地域に住まう人びともそれまでの自分たちの価値観を修正することで、彼らを包み込んでいくという可能性がひらかれている。

もちろん、これらのことは、行政が責任転嫁し、さまざまな仕事を民間の領域に放り出すことを意味しているのではない。繰り返すが、日本の租税負担率が先進国のなかで非常に低いことを考えれば、それぞれの地域の行政サービスを充実させ、全体を底上げする余地は十分に残されている。そのために財源論から逃げない政治姿勢も当然に問われることとなる。

とりわけ、中規模の自治体では、コミュニティ機能を強化するために自治体が汗をかくだけではなく、民生委員の機能を代替するために、コミュニティ税のようなものを検討することも考えられていい。

また、ソーシャルワーカーのような地域の社会資源を発掘し、地域ニーズを満たすことを生業とするような人たちへの財政支援もこうした財源強化とセットで議論されていけば、過疎地域の未来だってさらに明るさを増すだろう。

ようは、人間が生きていくために共通の、生存・生活のニーズがそこにあり、そのニーズを満たすために、あらゆる社会資源を総動員する時代がやってくるということだ。

公・共・私の組み合わせ、ベストミックスは、それぞれの地域の条件、風土に応じてきわめて多様なものとなるだろう。そのさまざまなバリエーションのひとつとして、大都市部ではスウェーデン型社会もありうる、ということにすぎない。

この姿絵は、「保守主義から社会民主主義へ」「古くさい日本モデルから先端的なスウェーデンモデル」へという表面的で、画一的な図式では説明ができない。人口減少の二一世紀は、その意味で真に分権的で、重層的で、多様な時代となっていくだろう。

保革左右を現実が超える

人間がなぜ共同事業をするのか。それはすべての人たちにとって必要なニーズがそこに存在するからにほかならない。ある人だけが必要とするような個別のニーズを他のすべての人たちが共同で満たそうとするかといえば、それにはかなりムリがある。

この当たり前の事実から出発しよう。

財政がみんなから税を集め、それを特定のだれかのためにしか使わないとすれば財政システムは機能し得ない。

町内会や自治会などの地域活動も同じだ。それが祭事であれ、草刈りであれ、水や森などの管理であれ、それらは地域に生きる人たちに共通のニーズだから、みんなが力を合わせて汗をかくのだ。

一方、企業は収益目的で経済活動を行なう。だが、人口の減少が避けられない地域では、顧客、消費者の減少に彼らも等しく苦しむこととなる。だからこそ、自らの経済活動と地域おこしやまちづくりへの参画を両立させ、私的な利益と地域に共通の利益をバランスよく充足するように努めはじめる。現にそのような動きは全国で起きはじめている。

人口が増え、経済が安定的に成長し、将来をある程度予見できる時代はよかった。だが、それらの前提がくずれたとき、人びとは生存と生活の不安におびえはじめることとなる。するとき、公であれ、共であれ、私であれ、人間はみんなのニーズを満たしあうために協働をはじめる。そのことを富山の人たちは教えてくれている。

このような時代にあって、その人びとの営みを右か、左か、保守か、革新かという線引きをしたところで、いささかも現実をつかまえることにはならない。

いや、それどころか、歴史をつうじてしばしば観察されてきたような、保守的なものから生まれようとしているリベラルな未来への萌芽を摘みとることにさえなりかねない。

かつて偉大な社会経済学者ヨゼフ・シュンペーターは「資本主義は生きのびるか」と問いをたてたうえで、こういいきった。

「資本主義は、経済的には安定であり、また安定性を増してさえいるが、人間の精神を合理化することによって、それ自身の基本的条件、動機そして社会制度と両立不可能な精神と生活スタイルを生み出したのであり、経済的必然性によらずに、おそらく経済的厚生の何らかの犠牲をあえてしても、社会主義その他と呼ぶかどうかは趣味と用語法の問題であるような事物の秩序へと変化させられていくであろう」（『資本主義は生きのびるか』傍点は筆者）

時代をはるかに先取りした慧眼《けいがん》というほかない。

社会主義、社会民主主義、保守主義、家族主義といった器の問題ではないのだ。そのようなものは、趣味とレトリックの問題に過ぎないとシュンペーターは見抜いていた。

社会化や普遍主義化を余儀なくするような時代の条件変動がいま起きはじめている。そしていま僕たちは、僕たちが生きていく、暮らしていくために必要なものごとをどのように社会化し、普遍化していくかをするどく問われている。

むろん、それは資本主義が終焉《しゅうえん》を迎えるか、否かという問題ともまた次元を異にしている。なぜなら、社会化、普遍化のプロセスで、企業はまたあらたな利潤獲得の方法を発見していくなかで生き残りをはかっていくだろうからだ。

歴史は大きく動くだろう。しかしそれは革命家や偉大な政治家が動かすのではない。地域で歯を食いしばって頑張っている大勢の人たちの努力の集合体として、ふと誰かが気づいたときにじつはすべてが大きく変わっていた、というかたちで実現する。

日々の営みの延長線上にこそ歴史の変動がある。そんな気づきを与えてくれる迫力が、富山社会には満ちあふれている。

おわりに

酒と肴《さかな》、そして自然が大好きな僕にとって、富山はただいるだけで、訪ねるだけで幸せになれる最高の場所だった。でも、通い続けるうちに、僕にとって富山はただの観光地、調査対象ではなく、命を養い、心を慰撫《いぶ》する場所へと変わっていった。

二〇一一年四月のことだ。僕は転倒して頭を打ち、脳内出血で生死の境をさまようこととなった。一命はとりとめた。だが、当時の僕は、後遺症の不安に押しつぶされそうになっていた。退院してすぐのことだ。最期の思い出づくりをしたくて、家族と旅行に出かけた。それが富山だった。どうしても家族に富山を見せておきたかったからだ。

富山駅からほど近い場所に「富岩運河環水公園」という公園がある。この公園には「世界一美しい」ともいわれる「スタバ」がある。長女の愉咲を身ごもっていた連れあい、智絵はそこで休んでいた。僕は長男の貫太郎を連れて、スタバから少しはなれた場所にある地面からランダムに水が湧きでる噴水に遊びにいった。

貫太郎は湧きあがる水に夢中だった。「僕はいつまでこんな光景を見ていられるのか」、そう思っているうちに景色が涙でかすんできた。そして、ふと気づくと、彼を抱きしめながら僕は水のなかへと飛びこんでいた。スタバに戻ってきたずぶ濡《ぬ》れの僕たちを見ておどろいた智絵の表情、そして笑顔、あの瞬間のことを僕は一生忘れないだろう。

あれから七年以上のときが過ぎた。いまでは、大きな後遺症もなく、自由に発言し、好きなことを好きなように書いている。三人目の子、文愉にもめぐまれた。ただただ運がよかった。僕はこの本を手にまた家族と一緒に富山を訪ねるだろう。そして、いまの幸運を未来への喜びへとつないでいけるよう、また一日、一日、生きていくことだろう。

これまで僕はいろんな本を書いてきた。でも、この本ほど多くの人たちに助けてもらった本はない。少し長くなるがお礼の言葉を言わせてほしい。

富山との最初の出会いを作ってくれたのは櫻井泰典さんだ。総務省から富山県庁に籍を移していた彼が「ゼミ生と一緒にぜひ遊びに来てください」と誘ってくれたのがきっかけだった。思えば、彼の富山を思う情熱に僕は巻きこまれていったのかもしれない。「もう一人の筆者」である櫻井さんに心からお礼を言いたい。

石井隆一知事にお目にかかれたのは幸運だった。知事は県のさまざまな会議に声をかけてくださり、多忙ななかでも時間を割いて、お話しする機会を与えてくださった。率直に言って「よくも僕ごときに」という気持ちだったが、知事に与えていただいたご縁、知識はこの本の土台、骨組みとなっている。出口和宏さん、新田一郎さん、滝陽介さんをはじめ、県の職員のみなさんにもあわせてお礼申しあげたい。

大島明子さん、佐治直さん、室谷ゆかりさんには、調査をきっかけとしながらいまでは友人としてお付きあいいただいている。富山に行くときには必ず声をかけ、盃《さかずき》を交わす間柄だ。家庭に仕事に大変なはずなのに、本当にありがたいことだ。

桝田隆一郎さんには県の会議でご一緒するだけでなく、時には学生とともにお邪魔し、何度もお話をうかがわせていただいた。桝田さんは、僕のことをいつも「富山のために頑張ってくださる先生です」と紹介してくださる。正直、照れくさかった。心から故郷を愛し、富山らしさを体現した、本当に熱い人だ。ますますのご活躍をお祈りしている。

この調査の最初の一歩は、寺田幹さん、干場光邦さん、藪田栄治さん、鈴木瑞麿さんから始まった。以下、お名前をあげればきりがないが、貴重な話をうかがった猪又聡太さん、柿谷政希子さん、木村泉さん、品川祐一郎さん、善田洋一郎さん、惣万佳代子さん、竹内寿美さん、長井忍さん、眞岸潤子さん、吉田昭博さん、みなさんに感謝申しあげる。

編集者の落合勝人さんとはずいぶん長いご縁になってしまった。僕は筆が早いほうだと自認している。なのに、あしかけ三年、だいぶお待たせしてしまった。ごめんなさい。事例紹介でなければ、言葉遊びでもない本。本当にむつかしかった。ただ、怪我《けが》の巧妙といえばおこがましいが、エネルギッシュな穂積敬広さんと新しいご縁をえることができたのは大収穫だった。お二人とは長い関係になる、そう確信している。

僕にとっての富山は、家族、仲間とともにある。美味しい魚、旨《うま》い酒、美しい風景、それらは確かに魅力的だ。だがそれ以上に、僕にとっての富山は「関係」のなかに埋めこまれている。だからこそ大切なのだ。

僕の大学のゼミ四年生は、卒業旅行を企画し、毎回、僕にも声をかけてくれる。僕はみんなを富山に誘う。大好きな富山が少しでも多くの人たちの心にとどまってほしいからだ。一人でも多くの人に――そんなことをひっそりと願いながら筆をおくこととしたい。

井手英策

参考文献

エドマンド・バーク『新訳　フランス革命の省察――「保守主義の父」かく語りき』佐藤健志編訳、ＰＨＰ研究所、二〇一一年
カール・マンハイム『イデオロギーとユートピア』高橋徹、徳永恂訳、中央公論新社、二〇〇六年
カール・マンハイム『保守主義的思考』森博訳、ちくま学芸文庫、一九九七年
大内秀明『ウィリアム・モリスのマルクス主義――アーツ＆クラフツ運動を支えた思想』平凡社新書、二〇一二年
福田豊「現代社会民主主義の定義」『社会労働研究』一九九二年一一月、法政大学社会学部学会
井上達夫『他者への自由』創文社、一九九九年
石橋未来「待機児童問題が解消しない理由」「経済・社会構造分析レポート」二〇一六年七月八日、大和総研
自由民主党研修叢書編集委員会『日本型福祉社会』自由民主党広報委員会出版局、一九七九年
木下淑恵「Ｐ・Ａ・ハンソンと『国民の家』」、岡澤憲芙編著『北欧学のフロンティア――その成果と可能性』ミネルヴァ書房、二〇一五年
アリストテレス『政治学』山本光雄訳、岩波文庫、一九六一年
上田晶子「ブータンに学ぶ国民の幸せとは」『季刊　政策・経営研究』二〇〇八年1号、三菱ＵＦＪリサーチ＆コンサルティング

ジョセフ・E・スティグリッツほか『暮らしの質を測る―経済成長率を超える幸福度指標の提案』福島清彦訳、金融財政事情研究会、二〇一二年
鈴木孝弘、田辺和俊「幸福度の都道府県間格差の統計分析」『東洋大学紀要 自然科学篇』第60号、二〇一六年三月
坂本光司、幸福度指数研究会『日本でいちばん幸せな県民』PHP研究所、二〇一一年
寺島実郎監修、日本総合研究所編『全47都道府県幸福度ランキング二〇一六年版』東洋経済新報社、二〇一六年
NHK放送文化研究所編『現代の県民気質―全国県民意識調査』日本放送出版協会、一九九七年
『100の指標 統計からみた富山 平成29年度版』富山県経営管理部統計調査課、二〇一八年
アジット・S・バラ、フレデリック・ラペール『グローバル化と社会的排除』福原宏幸、中村健吾監訳、昭和堂、二〇〇五年
『富山県史』通史編Ⅴ 近代 上、富山県、一九八一年
『富山県史』通史編Ⅵ 近代 下、富山県、一九八四年
『富山県史』通史編Ⅶ 現代、富山県、一九八三年
『富山市史』通史 上・下、富山市、一九八七年
『富山県農地改革史』富山県、一九五一年
『婦人労働の実情 1952年』(婦人労働資料№28)労働省婦人少年局、一九五三年
『昭和十六年 第十八次農林省統計表』農林大臣官房統計課、一九四二年

北日本新聞社編集局編『幻の繁栄―差別と選別教育の二十年』勁草書房、一九八四年
八尾正治「戦国攻防に似た修羅場のあった昭和大合併体験記」『でるくい』20号、二〇〇四年一〇月、富山県職員研修所
富山新聞社報道局編『奇跡の村・舟橋―日本一小さな村の人口は、なぜ倍増したか?』富山新聞社、二〇一八年
『富山県の公共図書館　平成28年度』富山県立図書館、二〇一七年
浜松聖樹『消えてたまるか!朝日町―記者の役場体験記』北日本新聞社、二〇一七年
丸山眞男『新装版　現代政治の思想と行動』未来社、二〇〇六年
篠田武司「スウェーデンにみる『ワーク・ライフ・バランス』」、前掲『北欧学のフロンティア―その成果と可能性』
藤田省三『天皇制国家の支配原理』みすず書房、一九九八年
ダニエル・ベル『資本主義の文化的矛盾』上・中・下、林雄二郎訳、講談社学術文庫、一九七六―七七年
J・A・シュンペーター『資本主義は生きのびるか―経済社会学論集』八木紀一郎編訳、名古屋大学出版会、二〇〇一年

図版作成／ＭＯＴＨＥＲ

井手英策（いで えいさく）

一九七二年福岡県生まれ。博士（経済学）。東京大学大学院経済学研究科博士課程を単位取得退学し、日本銀行金融研究所に勤務。その後、横浜国立大学などを経て、慶應義塾大学経済学部教授に就任。専門は財政社会学。著書に『経済の時代の終焉』（岩波書店）、『18歳からの格差論』（東洋経済新報社）、『財政から読みとく日本社会』（岩波ジュニア新書）、共著に『分断社会を終わらせる』（筑摩書房）、『大人のための社会科』（有斐閣）などがある。二〇一五年大佛次郎論壇賞、二〇一六年慶應義塾賞を受賞。

富山《とやま》は日本《にほん》のスウェーデン 変革《へんかく》する保守王国《ほしゅおうこく》の謎《なぞ》を解《と》く

集英社新書〇九四四A

二〇一八年八月二二日 第一刷発行

著者……井手英策《いでえいさく》

発行者……茨木政彦

発行所……株式会社集英社

東京都千代田区一ツ橋二-五-一〇 郵便番号一〇一-八〇五〇

電話 〇三-三二三〇-六三九一（編集部）

〇三-三二三〇-六〇八〇（読者係）

〇三-三二三〇-六三九三（販売部）書店専用

装幀……原 研哉

印刷所……凸版印刷株式会社

製本所……加藤製本株式会社

定価はカバーに表示してあります。

ISBN 978-4-08-721044-6 C0233

a pilot of wisdom

集英社新書 好評既刊

究極の選択
桜井章一 0933-C

選択の積み重ねである人生で、少しでも納得いく道を選ぶために必要な作法を、二〇年間無敗の雀鬼が語る。

デジタル・ポピュリズム 操作される世論と民主主義
福田直子 0934-B

SNSやネットを通じて集められた個人情報が選挙や世論形成に使われるデジタル時代の民主主義を考える。

よみがえる戦時体制 治安体制の歴史と現在
荻野富士夫 0935-A

「テロ防止」「治安維持」を口実に監視・抑圧を強化する現代の治安体制を戦前の歴史をふまえ比較・分析！

ガンより怖い薬剤耐性菌
三瀬勝利／山内一也 0936-I

抗菌薬の乱用で耐性菌が蔓延し、人類は感染死者数が激増の危機に。その原因分析と対処法を専門家が解説。

権力と新聞の大問題
望月衣塑子／マーティン・ファクラー 0937-A

危機的状況にある日本の「権力とメディアの関係」を〝異端〟の新聞記者と米紙前東京支局長が語り尽くす。

戦後と災後の間 ——溶融するメディアと社会
吉見俊哉 0938-B

三・一一後の日本を二〇一〇年代、九〇年代、七〇年代の三重の焦点距離を通して考察、未来の展望を示す。

「改憲」の論点
木村草太／青井未帆／柳澤協二／中野晃一／西谷 修／山口二郎／杉田 敦／石川健治 0939-A

「立憲デモクラシーの会」主要メンバーが「憲法破壊」に異議申し立てするため、必要な八つの論点を解説。

テンプル騎士団
佐藤賢一 0940-D

巡礼者を警護するための軍隊が超国家組織に……。西洋歴史小説の第一人者がその攻防を鮮やかに描き出す。

保守と大東亜戦争
中島岳志 0941-A

戦争賛美が保守なのか？ 鬼籍に入った戦中派・保守の声をひもとき現代日本が闘うべきものを炙り出す。

「定年後」はお寺が居場所
星野 哲 0942-B

お寺は、社会的に孤立した人に寄り添う「居場所」である。地域コミュニティの核としての機能を論じる。

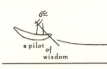